司法書士・税理士・行政書士が教える

絶対に知らないとヤバイ！

家族信託の手続きの進め方

司法書士 **赤津寛紀**
税理士・社会保険労務士 **柴崎貴子**
行政書士・社会福祉士 **中山浩志**

彩図社

はじめに

　最近、テレビや新聞、雑誌などで「家族信託」という言葉を目にすることが多くなってきました。書店でも、家族信託関連の本が並べられた専用コーナーが設けられているところが増えてきているように感じます。

　家族信託は、2007（平成19）年より開始された比較的新しい制度ですが、年を追うごとに社会における認知度はアップしています。

　私事ですが、実務でも弁護士や司法書士、税理士等の財産管理や相続対策に携わる専門家だけでなく、一般の人からも家族信託に関する質問をたくさん頂くようになってきています。

　家族信託は、既存の成年後見制度や遺言では対応できない問題を解決できます。高齢者の認知症に備えた財産管理や相続対策を考える際、家族信託は必須の検討事項になったといっても過言ではありません。

　家族信託を上手に活用するには、その特性を理解し、成年後見や遺言等のほかの制度と比較検討した上で、状況に応じて最適なスキームを構築することが重要です。

　とはいえ、家族信託の制度・内容について、一般の人が理解することは難しいといわざるを得ません。そこで、本書は「家族信託に関心があるけれど、専門家向けのものはちょっと……」という人を読者対象に作成されています。法律的な細かさよりも、わかりやすさを追求している点が特徴です。なかでも第1章では、身近な事例について、できる限り法律用語を用いずに解説しています。

　財産管理や相続対策に関心を持っている読者の皆様にとって、本書が一助となれば幸いです。

2019年12月　司法書士　赤津寛紀

本書の内容は、2021年11月現在の法令に基づいています。

家族信託チェックリスト

家族信託を利用することで、さまざまな困り事を解決できます。

老後の暮らしの心配事も家族信託で安心！

- ☐ 将来の認知症リスクに備えておきたい
- ☐ 認知症などによって、資産が凍結されることを避けたい
- ☐ 不動産を売却して、介護費用に充てることを考えている
- ☐ 介護費用を自分の財産で賄えるように準備しておきたい
- ☐ 管理を任されている財産が凍結されないようにしておきたい
- ☐ 認知症などで判断能力が不十分となり、後見人が必要な場合でも、他人に後見人になってほしくない
- ☐ 第三者後見人の報酬を支払うことに抵抗感がある
- ☐ 自分または両親の判断能力が衰えてきたと感じている
- ☐ 特別な配慮が必要な（認知症、障害など）家族がいる
- ☐ 配偶者の住居を将来にわたって確保しておきたい
- ☐ アパートなどの収益物件の管理について心配している
- ☐ 認知症などになっても、孫に入学祝いや就職祝いを贈りたい

中小企業のオーナー社長の心配事も家族信託で解決できる！

- ☐ 会社の後継者が決まっており、事業承継を検討している
- ☐ 自社株を承継する際の贈与税が心配である
- ☐ 経営権を確保したまま自社株を承継させたい
- ☐ 後継者の育成と事業承継をスムーズに行いたい
- ☐ オーナー社長の認知症などによる事業凍結に備えたい

相続の心配事も家族信託で備えれば大丈夫！

- ☐ 特別な配慮が必要な（認知症、障害など）相続人がいる
- ☐ 自分が元気なうちに、財産の分け方を決めておきたい
- ☐ 二代以上先まで財産の承継先を指定しておきたい
- ☐ 自分の死後、遺産分割協議がスムーズにまとまるか心配である
- ☐ 代々受け継いできた財産の承継先を決めておきたい
- ☐ 夫婦の間に子供がいないので、相続について決めておきたい
- ☐ 前の配偶者との間に子供がいる
- ☐ 相続税対策をしたい
- ☐ 自分の死後、ペットが幸せに暮らせるようにしたい
- ☐ 不動産が共有になってしまうことを避けたい
- ☐ 相続人以外に財産を渡したい人がいる
- ☐ 親亡き後に備えたい

１つでも該当する項目があったら、次へ

信頼できる親族や友人がいる

いる   いない

家族信託を検討   他の制度で対応

遺言
成年後見制度　など

司法書士・税理士・行政書士が教える 絶対に知らないとヤバイ！ 家族信託の手続きの進め方

目次

第1章　あなたの悩みは家族信託で解決できる

第2章　基礎からわかる　家族信託の仕組み

第3章　家族信託の税金と相続対策

第4章　家族信託の進め方 ─スタートから終了まで─

第5章　家族信託に関するQ＆A

超実践的　ケーススタディーで見る家族信託

本文イラスト：アトリエYUN

第1章

あなたの悩みは
家族信託で
解決できる

実はこんなにすごい家族信託

家族信託によって、従来の法制度では対応が困難だったさまざまな問題を解決することが可能になります。

家族信託は可能性に満ちている

　家族信託は、ある目的を達成するために財産の管理・処分を託す制度です。従来の法制度では、財産の所有者がその財産の管理・処分権を有して、その経済的利益を享受します。

　しかし、家族信託では、信託財産に対する所有権（管理・処分権）と財産的価値が実質的に分離されます。つまり、管理・処分権を有する所有者と経済的利益を享受する者が異なるのです。

　家族信託特有のこのスキーム（枠組み）を利用することにより、これまで対応が困難だったさまざまな問題を解決することが可能になります。

遺言や後見制度ではできない相続対策が可能に

　相続対策というと、一番はじめに**遺言**を想像されるのではないでしょうか。遺言の作成によって、自分が死亡した後の相続財産の帰属先を決めることができます。

　しかし、それ以降に生じた相続については、遺言では定めることができず、一定の限界が存在します。例えば「自分の財産をまずは妻に相続させ、妻の死亡後は自分の弟に渡したい」と思っていても、遺言でそれを定めることはできません。

　これが家族信託では、財産の承継先を複数定めておくことが可能です。家族信託の利用により、二次、三次以降の相続についても財産の帰属先を決めておくことができます。

　また、認知症になってしまった高齢者の財産管理方法としては、**成年**

後見制度が知られています。後見人には、**法定後見人**と**任意後見人**が存在しますが、いずれも被後見人の財産を守ることを目的としており、積極的な財産運用を行うことはできません。

　例えば、被後見人が所有するアパートが老朽化した場合でも、後見人は大規模修繕を行うことはできないのです。家族信託ならば、積極的な財産運用を行うことができるため、アパートオーナーが認知症になった後でも、大規模修繕や建替えを行うことが可能になります。

新しい形の事業承継を実現できる

「後継者は決まっているが、まだ経営の第一線から退くつもりはない」という経営者の方は多いのではないでしょうか。適切な時期に株式の承継を行うのが理想ですが、実際には税金を考慮してタイミングを決めざるを得ません。

　家族信託により株式を信託した場合は、株式の経営権と財産的価値が分離されるため、経営者自らが経営権を引き受けることで、従来と同様に経営を行うことが可能です。一方、財産的価値は後継者が取得するため、税金の発生しない株式評価の低いタイミングで株式の承継を行うことができます。まさに一石二鳥です。

遺留分対策としても威力を発揮

　家族信託は、**遺留分**対策としても威力を発揮します。収益物件が相続財産である場合などは、家族信託を用いて収益物件の管理・処分権を一人にまとめつつ、受益権を法定相続割合に応じて各相続人に取得させることが可能です。管理・処分権を一人にまとめることで迅速かつ効率的な運営を可能にします。また、受益権を分散させることで、遺留分を巡る相続人間での争いを防ぐことができます。

02 認知症になると 財産を介護費用に使えない⁉

認知症などにより判断能力が失われると、本人の財産を介護費用に活用することが困難になる場合があります。

成年後見では対応できないことも

　財産を管理・処分するには、自分の行為の結果を正しく認識し、これに基づいて正しく意思決定をする"**意思能力**"が必要です。しかし、認知症などによって、この意思能力が失われると、不動産の売却や預貯金の払い戻しなどを行うことができなくなり、資産の凍結ともいうべき状況に陥ってしまいます。

　そうなってしまうと、本人名義の不動産を売却して施設の入所費用に充てたり、定期預金を解約して介護費用を捻出したり、といったことが難しくなります。

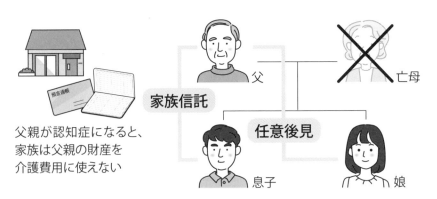

父親が認知症になると、家族は父親の財産を介護費用に使えない

　このような場合に利用できる制度の一つに、**成年後見制度**（法定後見・任意後見）があります。成年後見制度では、意思能力が不十分な本人を支援するために後見人等を選び、その後見人等が本人の意思決定を支援します。

　しかし、裁判所が後見人等を選ぶ法定後見においては、本人の財産を守ることが最重要であるため、預貯金があるうちに自宅を売却したり、金融資産をタイミング良く売買したりといった、柔軟な資産活用を行うことが難しく、法定後見は使いづらい面があります。

　また、本人が自らを支援する受任者を選ぶ任意後見では、本人が財産を処分する権利は失われないため、悪質商法などにだまされるリスクが残ってしまい、任意後見もまた不十分だといえます。

家族信託を利用すれば……

　前出の事例は、父親の財産を、父親本人の生活を守るために、息子（長男）または娘（長女）に預けて管理させる家族信託を利用するのがよいと思われるケースです。

　父親が元気なうちに、財産の管理を任せたい子供との間で**家族信託契約**を結んでおけば、父親が万一、認知症などにより意思能力を失っても、切れ目なく、それまでと同様の生活を送ることができます。

　また、資産を凍結される恐れもなくなり、財産を管理している子供が不動産の売却などを行うことができるため、介護費用の工面もスムーズに行うことができます。

　なお、父親が亡くなった際に預かった財産が残っている場合には、相続人が相続するという流れになるのが一般的です。

任意後見を併用すると安心感が増す

　家族信託は財産管理のための制度ですので、介護や医療など「身の上」の手続きをする身上監護の部分を補う**任意後見**を併用するとさらに安心です。

　先のケースでは、家族信託を利用した財産の管理を息子（長男）が行い、任意後見を利用した介護や医療の利用手続きを娘（長女）が行う、というように役割分担することで、子の介護負担を軽減しつつ、子供たちが協力して父親を支える仕組みを実現することが可能となります。

03 認知症になった配偶者の 生活を守る方法

認知症の妻が将来にわたって安心して暮らせるようにしておきたい。
今のうちに準備できることはないでしょうか？

成年後見人等の４人中３人は第三者である

　認知症などにより判断能力が不十分な場合には、通常の相続手続きで行われる**遺産分割協議**をすることができません。その場合には、**成年後見制度**を利用して相続手続きを行うことになります。

　一方、**遺言**を利用して、配偶者にすべてまたは多くの財産を残す方法も考えられます。しかし、配偶者の**判断能力**に問題がある場合には、受け継いだ財産を適切に管理できないため、さらに成年後見制度などを利用する必要が生じてしまいます。

　いずれの場合にも利用が必要となる成年後見制度において、裁判所が選任する後見人等は、その４人中３人が親族以外の第三者となっています（最高裁判所事務総局家庭局「成年後見関係事件の概況－平成30年1～12月－」より）。そのため、他人の介入により、今まで通りの家族中心の暮らしを続けていくことは困難です。さらに、成年後見制度では、柔軟な財産の管理・処分が難しいため、家族の思うような支援を継続することが難しくなる場面も出てくるものと考えられます。

家族信託なら自分が選んだ人に任せられる

　認知症の妻がいる場合などは、夫の財産を、夫婦の生活を守るために、子供に預けて管理させる、家族信託を利用するのがよいと思われます。

　夫が元気なうちに、財産の管理を任せる子供との間で**家族信託契約**を結んでおけば、夫の死亡後も、残された配偶者は子供が管理する自宅に住み続けられますし、生活に必要な金銭も子供が管理してくれるので、

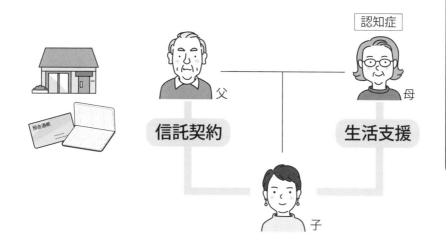

残された妻はこれまでと同様に、安心して生活を送ることができます。

　もし、介護施設に入所する必要が生じたときなどでも、自宅を売却することで、妻の施設入居費用に充当することが可能です。

家族信託を監督する人

　夫の死亡後は、財産を管理する子供と認知症の妻だけとなり、夫の代わりに継続して家族を見守り、困ったときに相談に乗ってくれる人がいなくなってしまいます。

　そこで、家族信託契約の中に信託全体を監督する専門家を組み込み、信託が続く間、継続して家族を見守るような仕組みを整えておくとさらに安心感が増します。そうすることで、「子供の財産管理は問題なく進んでいるか」「妻に不利益が生じていないか」など、専門家の視点から責任を持って最後まで見守ってくれます。

　別途報酬が必要にはなりますが、安心の仕組みとして検討してみてもよいでしょう。

04 遺産分割トラブルを 避けるために

遺産分割で揉めて、親族間のトラブルに発展してしまうことが少なくありません。そんな争いを防ぐ方法として、家族信託が有効です。

兄弟の仲が悪く、財産の継承が心配

第1章の4から11までは事例を交えて説明します。

Aさんは、都内にアパートを所有しています。妻はすでに亡くなっていますが、3人の子供(長男・次男・三男)がいます。自分の死後は、アパートの収益を平等に分けてほしい。アパートは築年数が経っており、将来的には売却してお金を3等分してもらいたいと考えています。

しかし、3人兄弟の仲が悪く、協力してアパートの管理や売却ができるとは思えません。長男は不動産関係の仕事に従事しているため、アパート経営に詳しいのですが、次男と三男はまったく不動産に関する知識がありません。

自分の死後、アパートの利益は、3人に平等に分けたい

Aさん

長男　　　次男　　　三男

遺言では対応できない!?

Aさんとしては、**遺言**でアパートを長男に相続させる旨を定めておくことが考えられます。しかし、そうした遺言は、3兄弟の仲をさらに悪くしてしまうかもしれません。最悪の場合、次男と三男が長男に対して

遺留分侵害額請求を行って、紛争に発展してしまう危険性すらあります。

> **用語解説**
>
> **【遺留分（いりゅうぶん）】**
>
> 兄弟姉妹以外の相続人のために法律で保障される最低限の相続分。遺留分は遺言でも侵害することができず、遺留分を侵害された相続人は遺産の取戻しを求める遺留分侵害額請求をすることが認められる。

不動産の共有は避けた方がよい

　長男の単独取得が難しい場合、法定相続分の3分の1ずつの割合で、兄弟3人で**共有**することが考えられます。しかし、アパートを共有とした場合、年長者であっても長男が単独でアパートを賃貸したり、売却することができなくなります。

　兄弟の仲が良くない状況では、アパートの経営や売却に支障が出る可能性が高いです。また、3人のうちの誰かが死亡した場合、共有持分はその相続人（配偶者や子など）に相続されるため、共有者がどんどん増えていき、将来収拾がつかなくなることも考えられます。このように、**共有名義**は問題をより複雑化させる原因となりかねないのです。

Aさんの希望は家族信託で実現できる

　Aさんの希望は、家族信託で実現することができます。Aさんは、長男との間で、アパートの管理・処分を任せる旨の**家族信託契約**を締結します。その契約内容として、当初はAさんのために、Aさんの死亡後は相続人3人のために、長男がアパートを管理・処分するように定めておきます。そして、長男にはアパートを売却する権限も与えておきます。

　こうしておけば、Aさんの死亡した後も、長男は次男、三男の干渉を受けることなく単独でアパートを管理し、売却することが可能になります。

　アパートの賃料や売却代金は3人の相続人に平等に分配されるため、兄弟間での揉め事の発生を防ぐ効果が期待できます。

子供がいない夫婦の財産承継

子供がいない夫婦の財産承継には、生前対策が欠かせません。
ここでは家族信託を利用した財産承継について考えてみます。

いずれは甥っ子に自宅を譲りたい

　Bさんは、妻と2人暮らしで子供がいません。両親もすでに死亡しています。Bさんは自分が死亡した後、自宅を妻に利用させたい、さらに妻の死亡後は甥に自宅を譲りたいと考えています。

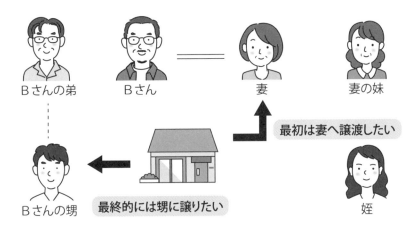

Bさんの弟　　Bさん　　妻　　妻の妹

最初は妻へ譲渡したい

最終的には甥に譲りたい

Bさんの甥　　　　姪

　何も生前対策をしないままBさんが死亡すると、Bさんの相続人は妻と弟（弟が死亡している場合には甥）の2人になります。

　Bさんが希望するとおり、自宅を妻の単独所有とするためには、妻と弟の間で**遺産分割協議**が成立する必要があります。

　弟の協力を得られれば、何ら問題はありません。しかしながら、弟が快く協力してくれるとは限りません。実は、被相続人（Bさん）の配偶者（Bさんの妻）と兄弟姉妹（Bさんの弟）間の遺産分割協議は、紛争が発生しやすいケースの一つなのです。

Bさんの希望も家族信託で実現できる

　生前に、Bさんが自宅を妻に相続させるという**遺言**を書いておいた場合は、自宅は妻が取得し、弟との遺産分割協議は不要となります。もっとも、「最終的に甥に自宅を譲渡したい」というBさんの希望を実現するためには、妻がその内容の遺言を書く必要があります。

　もし妻が遺言を書かずに死亡したり、認知症になってしまった場合は、自宅は妻の妹（妹が死亡している場合には姪）の所有となってしまうのが、相続のルールです。

　Bさんの希望も、家族信託を用いることで実現可能となります。Bさんは甥との間で、自宅の管理処分を任せる**家族信託契約**を締結します。甥は、当初はBさんの暮らしを守るために、Bさんの死亡後は妻の暮らしを守るために、信託財産である自宅の管理・処分を行います。

　Bさんと妻が死亡したら信託契約が終了し、自宅が甥の所有になるという契約内容にしておきます。このような契約によって、Bさん死亡後の妻の暮らしを守りつつ、最終的に自宅を甥の所有とすることができるわけです。

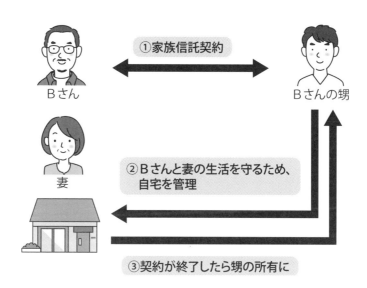

Bさん　　　①家族信託契約　　　Bさんの甥

妻　　　②Bさんと妻の生活を守るため、
　　　　　自宅を管理

③契約が終了したら甥の所有に

親亡き後に備える①
資産活用編

家族信託では、後見制度では実現が難しい積極的な資産運用を行うことができます。

知的障害のある長女の生活を守りたい

　Aさんには、長男と重度の知的障害のある長女がいます。Aさんは長女の暮らしを守るため、自分の遺産をすべて長女に相続させたいと考えています。

　Aさんは親から相続した土地をいくつか所有していますが、現金はさほど多くありません。アパート経営や売却などによって土地を有効に活用し、長女の生活費の足しになればいいと思っています。

　そこでAさんは、金融関係の仕事をしており、資産運用にも詳しい長男に土地活用を任せようという構想を持っています。

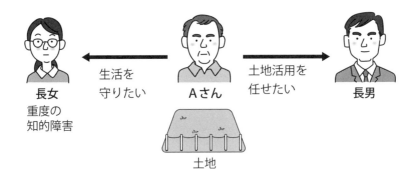

長女
重度の
知的障害

生活を
守りたい

Aさん

土地活用を
任せたい

長男

土地

成年後見は財産を積極的に活用できない

　Aさんは、**遺言**を書くことにより、全財産を長女に相続させることができます。しかし、長女は重度の知的障害を抱えているため、アパート経営や土地の売却などの土地活用を自ら行うことはできません。

　この場合も、長女が相続した遺産の管理は、裁判所が選任した**法定後見人**が行うことになります。しかし、後見人は長女の財産を守ることを使命としているため、積極的な資産運用はできません。後見人は、土地にアパートを建築して賃貸することはできませんし、土地の売却も自由に行うことはできません。

　言ってみれば、これが成年後見制度の限界です。

長男に土地活用を任せる信託契約

　家族信託を用いることにより、Ａさんの希望をかなえることが可能です。Ａさんは長男との間で**家族信託契約**を締結し、土地と一定の金銭を長男に託します。信託財産以外の財産は、遺言を書いて長女に相続させるようにします。

　長男は、信託契約後、まずはＡさんの暮らしを守るために、Ａさんの死亡後は長女の暮らしを守るために信託財産の管理・処分を行います。こうすることで、長男は自己の判断でアパートを建築して賃貸したり、土地を売却することが可能になり、そこから生じた利益をＡさんと長女の暮らしを守るために使うことができます。

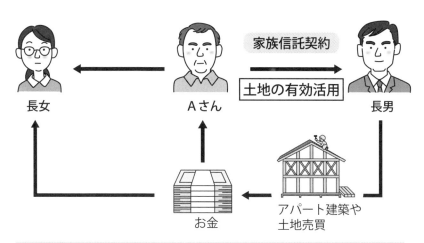

家賃収入や売却代金はＡさん（Ａさんの死後は長女）のために使う

家族信託では、遺言では実現できない二次相続以降の財産の帰属先を定めておくことが可能になります。

亡き長女の夫に財産を譲りたい

　Bさんには、重度の精神障害があり、現在は施設で暮らしている長男がいます。Bさんの妻はすでに亡くなっています。Bさんには長男のほかに長女もいましたが、長女も数年前に死亡しています。

　長女に子供はいませんでした。長女の夫は、長女の死亡後もBさんと長男のことを気にかけて、介護の方法や施設の選択などでいろいろ相談に乗ってくれています。

　Bさんは、自分の死亡後、施設利用費の支払いなどの財産管理を長女の夫に頼みたいと考えています。また、長男が死亡した場合には、自分と長男がお世話になったお礼として、余った財産を長女の夫に譲りたいとも考えています。

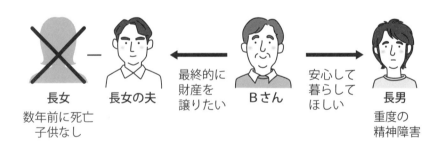

長女	長女の夫	最終的に財産を譲りたい	Bさん	安心して暮らしてほしい	長男
数年前に死亡子供なし					重度の精神障害

全財産を長男に相続させるとどうなる？

　Bさんの相続人は長男のみであるため、Bさんが死亡した場合には、遺言の有無に関係なくすべての財産を長男が相続します。ただ、長男は

重度の精神障害であるため、長男の財産の管理は裁判所が選任した**法定後見人**が行うことになります。後見人は裁判所の監督の下、しっかり財産の管理を行うため、長男の暮らしは守られると思われます。

しかし、長男は**遺言**を書くことができません。重度の精神障害がある場合には、遺言を書くために必要な**意思能力**が認められないからです。後見人は被後見人に代わって遺言を書くことはできないため、長男については一切相続対策を行うことができません。長男が死亡した場合、相続人が不存在となり、最終的に遺産は国に帰属することになります。

二次相続以降の財産の帰属先を決定できる

家族信託を用いることにより、**二次相続**以降の財産の帰属先を決定することが可能になります。この事例では、Aさんと長女の夫との間で**家族信託契約**を締結します。

長女の夫は、まずはBさんのために財産を管理し、Bさんの死亡後は長男のために財産を管理します。長男が死亡した時点で信託契約が終了するように設定しておき、信託が終了した場合の信託財産の帰属先を長女の夫と定めておきます。このような方法をとることで、長男が遺言を書くことができなくても、最終的に財産を長女の夫に継承させることが可能になるわけです。

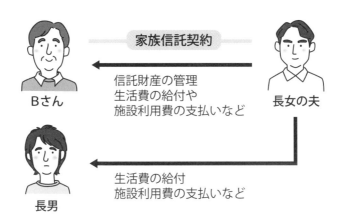

家族信託契約

Bさん ← 信託財産の管理　生活費の給付や　施設利用費の支払いなど ← 長女の夫

長男 ← 生活費の給付　施設利用費の支払いなど

賃貸不動産のオーナーなら家族信託の活用を！

アパートオーナーが認知症になった場合、アパートの経営はストップしてしまいます。そんな場合も家族信託を用いた対策が有効です。

判断能力が衰えてきたら

Cさんには、妻と一人息子の長男がいます。Cさんはアパートを経営していますが、建物が老朽化してきたため、数年後に建て替えることを決意しました。現在の入居者とは立ち退き交渉などを進めていくつもりですが、加齢に伴い**判断能力**が衰えてきたことを実感しています。

妻もすでに高齢のため、長男にアパートの建て替え手続きや管理を任せたいと考えています。

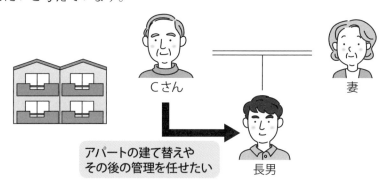

Cさんが認知症になり、自己の行為の結果を判断する能力である**意思能力**が失われてしまったら、新しくアパートを建て替えたとしても、入居者と賃貸借契約を締結することができなくなります。

既存のアパートを取り壊す前に認知症になった場合でも、Cさんは賃貸借契約の締結、更新、解除をすることができません。もちろん、アパートの老朽化に伴う大規模修繕もできなくなってしまいます。結果として、所有するアパートを有効活用して利益を得ること自体ができなくなって

しまうわけです。

後見ではアパートの建て替えができない

　認知症対策として、法定後見人や任意後見人によってCさんの財産を管理する方法が考えられます。しかし、後見人はCさんの財産を守ることを使命としており、積極的な財産運用をすることまでは認められていません。したがって、後見人の判断によって、アパートの建て替えを行うことは事実上困難です。

　このようなケースでも、家族信託を活用することで、Cさんが認知症になった場合でもアパートの建て替えを実行することができます。

　家族信託契約により、Cさんは長男に現在のアパートの管理・処分を任せます。そして、契約内容として、長男はCさんのためにアパートを管理し、Cさんが亡くなった後は、Cさんの妻のためにアパート管理をするように定めます。さらに、Cさんと妻が共に死亡した場合に契約が終了し、長男がアパートを取得するように定めておきます。

　加えて、"**建て替えの権限**"を長男に与える内容を契約に盛り込んでおけば、長男の判断で建て替えを行うことも可能になります。

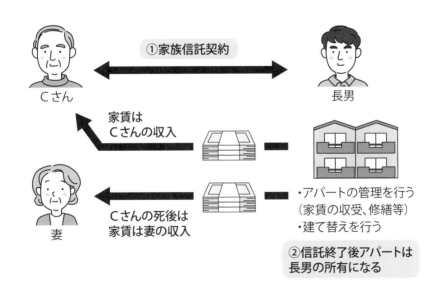

家族信託で事業承継に備える

家族信託は、会社の事業承継にも有効な手段となります。経営権を維持しつつ、株式を承継させる手段について確認しておきましょう。

事業承継のグッドタイミングはいつ？

Ｄさんは会社を経営しています。株式を100％所有しているオーナー社長です。Ｄさんには子供が２人いますが、妻はすでに亡くなっています。Ｄさんは将来、次男に会社を継がせたいと考えています。

Ｄさんの会社は今期の業績が良くありませんでしたが、来期からは成長が期待されています。顧問税理士より、税金対策上株式評価の低い今のうちにＤさんの株式を次男に譲渡した方がよいとアドバイスされましたが、次男に会社の経営を任すにはまだ早いのではと感じています。

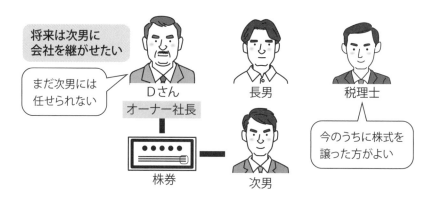

将来は次男に会社を継がせたい

まだ次男には任せられない

Ｄさん
オーナー社長

株券

長男

次男

税理士

今のうちに株式を譲った方がよい

贈与や遺言による対策はできないか？

株式の評価が低いうちに贈与をすれば、**贈与税**がかからずに株式を次男に譲ることができます。しかし、株式を贈与した場合、株主総会における議決権も次男に移ってしまうため、Ｄさんは会社の**経営権**を失って

しまうことにもなりかねません。

　もう一つの方法として、Dさんの株式をすべて次男に相続させる旨の**遺言**を書くことも考えられますが、相続発生時に株式評価が高かった場合、多額の**相続税**が発生してしまう可能性も考えられます。

株式を経営権と財産権に分離する

　株式は**経営権**と**財産権**の2つの要素からなっています。経営権は株主総会で議決権を行使する権利であり、会社の運営方針を決定したり、取締役などの役員を選任することができます。財産権は株式の財産的価値の部分であり、配当などの経済的な利益を受けることができます。

　この事例では、Dさんの所有する株式をDさん自身に信託することにより、Dさんの希望を実現できます。Dさんは、株式から生じる利益を次第に帰属させる目的で、株式の管理処分をDさん自身に託します。

　一定の方式を満たせば、自分で自分に財産の管理を託すこと（**自己信託**）も可能なのです。この場合、株式は実質的に経営権と財産権に分離します。Dさんが経営権を行使し、その結果生じる利益を次男に帰属させることができます。

　信託を行うと、税務上、株式は利益が帰属する次男に贈与されたものとして扱われるため、株式評価が低い段階で信託を行えば贈与税は生じません。こうすることで、Dさんが会社の経営権を維持しつつ、株式を次男に承継させることが可能になります。

自分で自分に株式を信託

Dさん
経営権の行使

利益は次男のもの

次男
株式を取得

配当の受領

オーナー社長のリスク対策

株主でもあり代表権もあるオーナー社長。万一、判断能力が低下した場合の事業凍結リスクにも、家族信託なら対応できます。

判断能力を失うと事業がストップする

株式を所有し代表権も持っているオーナー社長が、認知症などにより**判断能力**が不十分になったり、病気や事故で倒れたりすると、事業経営がストップし、家族が困ってしまうというケースがあります。

社長が判断能力を失ってしまうと、適切な経営判断を行うことができなくなり、日々の営業活動や銀行取引などの事業運営が困難となります。そこで、株主総会を開催して役員（経営者）の変更を考えるわけですが、株主でもあるオーナー社長が議決権を行使できる状況ではないため、役員変更を行うこともできません。

もし、取引関係の書類に代表権のある役員以外の人が法人印を押して手続きを進めたり、株主総会が開催されたことにして議事録を作成して手続きを進めたりしたら、私文書偽造などの犯罪になることもありますし、利害関係者やほかの相続人などから訴えられる恐れすらあります。そうなってしまうと、オーナー社長が死亡して相続が発生するまで会社の事業はストップし、家族は身動きが取れない状態になってしまいます。

事業凍結リスクに対応するには？

事業承継の方法としては、**遺言**によって事業を受け継ぐ子に自社の株式を相続させるという方法がよく取られます。しかし、遺言は死亡後の財産の行方を指定しているだけなので、認知症などによる判断能力の低下や、病気や事故で倒れたりした場合には、遺言の効力は生じませんので、遺言でこの問題に対応することは不可能です。

　また、**成年後見制度**を利用して、判断能力が不十分となったオーナー社長のために、裁判所で後見人を選任してもらうこともできますが、成年後見制度は本人の財産を守ることを目的とした制度です。成年後見人などが本人に代わって会社の経営を行うことや、自由に議決権を行使することはできないため、成年後見制度の利用では、事業凍結のリスクを回避することはできません。

家族信託なら贈与税を回避できる場合も

　このような事業凍結リスクには、父親と事業を承継する予定の息子（長男）との間で、**家族信託契約**を結ぶことで対応が可能です。

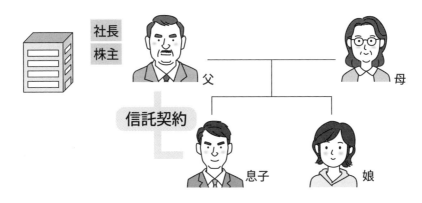

　具体的には、自社の株式を息子（長男）に信託して管理させます。その上で、議決権行使の指図権を父親に留保しておけば、信託後も父親が元気なうちは、引き続き経営を行うことができます。そして、判断能力低下の際には、息子（長男）に議決権を行使させるようにしておけば、万一のときにも、スムーズに事業承継ができ、事業凍結のリスクを回避することができます。

　通常、事業を承継するために株式を息子（長男）に贈与してしまうと、**贈与税**がかかってしまいます。これも家族信託によって、株式から生じる権利は父親に帰属するようにしておくことで、贈与にはあたらず息子（長男）に贈与税がかかることはありません。

ペットのための信託

愛犬家、愛猫家などペットを家族のように思っている人はたくさんいます。家族信託でペットの暮らしを守りましょう。

自分の死後のペットの暮らしが心配

Aさんは現在85歳で、郊外の町で一人暮らしをしています（独身で子供もいません）。

Aさんは数年前に知り合いから子犬をもらい、太郎と名付けました。太郎との生活はとても楽しく、Aさんは今では太郎を家族のように思っています。Aさんはかわいさのあまり甘やかして育てたため、太郎は霜降り肉しか食べなくなってしまい、とても飼育費がかかる飼い犬になってしまったのです。

Aさんもすでに高齢のため、自分の死亡した後の太郎の生活がとても心配です。東京で暮らしている甥がいますが、ペット禁止のマンションに住んでいるため、太郎の面倒を頼むことはできません。太郎は自宅の隣に住んでいるBさんにとても懐いており、幸いにも、もしもの場合はBさん家族が太郎の世話をしてもよいといってくれています。

Aさんの甥
・東京に居住
・子犬の面倒は
　見られない

Aさん

犬
太郎

Bさん

面倒を見ても
いいよ!

・隣家に居住

懐いている

ペットの飼育にはお金が掛かるという現実

Ａさんは自分の死後、Ｂさんとその家族に太郎の面倒を見てもらいたいと思っています。しかし太郎のような犬の場合、餌代にかなり高額な費用が掛かります。

もちろん、餌代としてＢさん家族にそれなりの額の金銭を預けることも考えましたが、果たして太郎のために使ってくれるかちょっと心配です。

家族信託でペットの幸せを確保する

家族信託を利用することで、Ａさんの不安を解消することができます。Ａさんは太郎の飼育に必要となる金銭を甥に託し、管理・処分を任せます。甥はＡさんの死後、太郎の飼育に必要な金銭をＢさん家族に定期的に渡します。甥には単に金銭を渡すだけではなく、太郎が幸せに暮らしているかを随時確認してもらうようにします。

また、Ａさんが遺言を書いて太郎をＢさんに**遺贈**しておくことも必要です。太郎が死亡した場合、余った飼育費はＢさんと甥が半分ずつ取得するようにします。

このように家族信託を用いることによって、飼育費がしっかり太郎のために使われる状況を確保することができます。

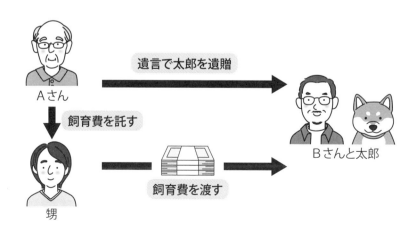

【コラム】
家族信託のおかげで幸せになった家族の物語

●心配なのは認知症

　実務での話です。相続の相談に来られた佐藤さん（仮名）。妻を数年前に亡くし、長男と長女はそれぞれ独立して、現在佐藤さんは一人暮らしです。これまでの蓄えと年金で暮らしに不安はありません。

　長男は仕事が忙しくお盆と正月に会う程度ですが、長女は近所で暮らしており、孫と遊びに来てくれるので寂しさもあまり感じません。最近、友人が"終活"を始めたというので、「自分もそろそろか」と思って、相続について相談したいということで、事務所にお越しいただきました。

　厚生労働省の推計によると、2012（平成24）年には65歳以上の7人に1人だった認知症の割合が、2025（令和7）年には5人に1人にまで増加すると予想されるとのこと。佐藤さんの心配事も認知症でした。もし自分が認知症になってしまったら、子供達が親の介護で苦労したり、それが原因で揉め事になったりしないか……。

●コミュニケーションが増えた

　そこで、長男に財産を預けて管理させる家族信託を利用することを勧めました。さらに、近くに住む長女と任意後見契約を締結することも提案しました。任意後見契約によって、佐藤さんの判断能力が衰えた場合でも、医療等の契約を長女が代理人として行えるようになり、第三者が後見人として関与してくる事態を回避することができました。

　家族信託と任意後見契約のおかげで、将来の不安が小さくなっただけでなく、長男と長女が協力する場面が多くなり、佐藤さんを中心にコミュニケーションが増えたので、結果的にとてもよかったと喜んでいただきました。こんなことも家族信託の効用の一つといえるかもしれません。

第2章

基礎からわかる
家族信託の
仕組み

そもそも"信託する"とは？

そもそも「信託する」とはどういうことなのでしょうか。ここでは、家族信託とは何かについて確認しましょう。

家族信託とは何か？

信託とは文字通り「信じて託すこと」を意味しますから、家族信託とは「自分の財産を信頼できる家族に託す」制度ということになります。

これをもう少し具体的にいうと、

家族信託とは、

- 自分の財産（金銭・不動産など）を
- 家族など信頼できる人に託し
- 特定の人のために
- 決められた目的に従って管理・処分する

といった財産管理の制度のことをいいます。

■認知症リスクに備えて信託する

例えば、将来、認知症になって自分で財産の管理ができなくなる場合に備えて、信頼できる家族に財産を預けて管理してもらうケースを考えてみましょう。

本人が財産を持ったまま認知症になり、**判断能力**を失ってしまうと、自分の財産を自分で管理できなくなってしまうため、自分で自分の預貯金を下ろすことも、不動産を売却することもできなくなります。ほかの家族も、家族といえどもその人の財産ですから、勝手に手を出すことはできず、財産が活用できない"塩漬け"の状態になってしまうのです。

そこで、あらかじめ財産を信頼できる家族に預けておき、万が一の際は預けた財産で自分の生活の面倒を見てくれるよう頼んでおけば、そのようなリスクを避けることができ、せっかくの財産を活用できない"塩漬け"状態を回避することができます。これを法律上の制度として保証したのが、**家族信託**です。

　このケースを、先述の説明に当てはめると、

- 自分の財産（金銭・不動産など）を
- 家族に託し
- 自分のために
- 自分の生活の安定と福祉のために管理・処分する

ということになります。

これを図にすると、以下のようなイメージになります。

家族信託スキーム図1
（将来の認知症に備えて信託する）

私が認知症になったらこのお金で私の面倒を見てください！

財産の元の持ち主

財産を預ける

預金通帳

本人のために使う

お金をお預かりし、あなたの生活のために使います！

財産を預かり管理する人

■自分の死後、配偶者の生活の安定のために信託する

　信託する目的や、誰のために使うかを自由に設計できるのが信託の特徴です。

　今度は、自分の財産を信頼できる子供に預けておき、自分（例えば夫）が死亡した後、配偶者（例えば妻）の生活のために使ってもらうというケースを考えてみましょう。

　相続で財産を家族に残した場合、配偶者（妻）が認知症になってしまうと、先のケースと同じような財産の"塩漬け"問題が生じます。また、遺産を受取った子供にその使い道を強制することはできないので、果たして残された配偶者（妻）のためにお金を使ってくれるのか、不安に思う人もいることでしょう。

　そこで、自分（夫）が元気なうちに配偶者（妻）の生活の安定に必要な自宅などの不動産や財産を信頼できる子供に預けておき、万一のときには、預けた財産で残された配偶者（妻）の生活の面倒を見てくれるよう頼んでおきます。

　信託は法律上の制度であり、預かったお金を預かった人が勝手に使ったりはできませんので、その思いは自分（夫）の死後もしっかりと守られ、残された配偶者（妻）も安心して暮らせます。

　このケースも、先述の説明に当てはめると、

- 自分の財産（金銭・不動産など）を
- 子供に託し
- 自分の死後、残された配偶者のために
- 配偶者の生活の安定と福祉のために管理・処分する

となります。

　同じく図にすると、39ページのようなイメージになります。

「財産を信頼できる家族に託し、目的に従って管理させる」という家族信託のイメージがおわかりいただけたでしょうか。

家族信託スキーム図2
（配偶者の生活の安定のために信託する）

私が何かあったら、
このお金で配偶者の
面倒を見てください！

お金をお預かりし、
残された配偶者のため
に使います！

財産を預ける

預金通帳

財産の元の持ち主

生活費

財産を預かり管理する人

残された配偶者

なぜ、家族信託を利用するのか？

　なぜ、わざわざこのような制度を利用するのでしょうか。それは、「他の制度では実現できない家族の希望を実現するため」です。

　信託には、他の制度にはない特別な機能があります。それらを上手に組み合わせることで、遺言では実現できないことを実現したり、成年後見制度を利用した際のデメリットを回避できたり、相続に起因するさまざまな問題を回避できたり、スムーズな事業承継が実現できたり…etc.

　家族の願いをかなえる家族信託。とても自由度の高い制度ですので、設計する人の創意工夫で、家族の願いの数だけ家族信託の形があるといっても過言ではないのです。

家族信託の主な登場人物

家族信託では、主に3人の人物（役割）が登場します。ここでは、それぞれの役割などについて確認しておきましょう。

「委託者」…家族信託はこの人から始まる

　家族信託の目的を決め、そのために自分の財産を出す人を「**委託者**」といいます。委託者が「誰のために、どの財産を、どのように使うか」を考えて、信頼して財産を預けられる人を探すところから、家族信託は始まります。

　多くの家族信託は、この委託者と次に出てくる受託者との契約で始まりますので、未成年者や認知症が疑われる人などが委託者になろうとする場合には注意が必要です。

　いったん家族信託が動き出すと、委託者の役割は多くありませんが、この人がいないと始まらない、とても重要な登場人物なのです。

「受託者」…家族信託のメインプレイヤー

　財産を預かり、定められた目的に従って、家族信託を動かしていく、その中心的な役割を果たすのが「**受託者**」です。

　受託者は、家族信託の目的に従って、預かった財産と自分の財産とを分けて管理したり、帳簿を作成し報告したりといった適正な財産管理義務をはじめ、次の登場人物である受益者のために行動する義務など、信託を正しく動かすための数多くの義務を負っています。

　一方で、受託者の権利としては、必要な費用を請求する権利や、あらかじめ定めておけば、報酬を請求する権利などが認められています。

　家族信託では、委託者と受託者の信頼関係が何よりも重要ですので、受託者を誰にするのかが、家族信託成功の大きなポイントになります。

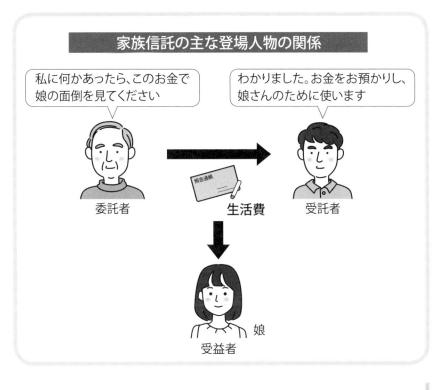

家族信託の主な登場人物の関係

私に何かあったら、このお金で娘の面倒を見てください

わかりました。お金をお預かりし、娘さんのために使います

委託者

生活費

受託者

娘
受益者

「受益者」…家族信託はこの人のためにある

　家族信託によって生まれる、さまざまな利益を得る人を「**受益者**」といいます。委託者と受託者との契約で受益者を決めれば、受益者の承諾などは不要です。未成年者や認知症の方など、どのような人でも受益者になることができます。

　また、受益者には、契約に従って財産を受取る権利や、信託に関する事柄を決める権利・報告を求める権利など、自分の権利を守るためのいろいろな権利が認められています。

　以上、3人の登場人物（委託者・受託者・受益者）について説明してきましたが、家族信託とは、委託者と受託者との強い信頼関係と受益者への深い愛情をもとにつくられ、家族の幸せのために活用される仕組み・制度であることをご理解いただけたでしょうか。

家族信託を支える人々

家族信託をスムーズに進めるためには、委託者・受託者・受益者以外に、家族信託を支える人々の働きを欠かすことができません。

信託監督人・受益者代理人

信託監督人と**受益者代理人**、どちらも信託を監督するために置かれるものです。信頼する家族に財産を託して管理させるのが家族信託ですが、受託者がその職務を怠ってしまうこともないわけではありません。むしろ、家族だからこそ、つい甘えてしまうということもあるでしょう。後見制度においても監督人が置かれているように、家族信託においても、長期にわたる安心と、家族間での争いを避けるために、信託監督人・受益者代理人の活用を検討されるのがよいと思われます。

■信託監督人

信託監督人は、受益者が年少者・高齢者または知的障害者であるなど、受益者自身で受託者を適切に監督できないような場合に、受益者のために、受益者の権利を行使し受託者の信託事務処理を監督します。

■受益者代理人

受益者代理人は、受益者が多数であったり、頻繁に変わったりなど、意思決定や監督が難しい場合に、受益者の代理人として、受託者の監督を含め、受益者が有する一切の権利を行使します。

信託監督人を置くか、受益者代理人を置くかは、家族信託の内容によって変わってきます。ただ、受益者代理人の方が権限が大きいため、受益

者の意思能力に問題がない場合には信託監督人、受益者の将来の意思能
力を心配する場合には、受益者代理人を選択することが考えられます。
また、信託のチェックには専門的な知識が必要ですので、これらの役割
には、士業など専門家が就任することが多くなっています。

家族信託に関わる専門職

　家族信託は、家族ごとに細かく異なるニーズに応え、長期にわたって
安定的に運用し希望を実現するために、さまざまな角度から検討し、い
ろいろな制度を組合わせて、つくり上げていきます。したがって、どん
な専門家であっても"一人ですべてできる"というケースは少ないと思
われます。

　ですから、登記については**司法書士**が、税務については**税理士**が、介護・
福祉サービスについては**社会福祉士**が、それぞれの専門知識と知見を持
ち寄って、一つのチームとして、それぞれの家族の希望をかなえるべく
最大限努力して、その家族に合ったオーダーメイドの信託を設計する。
いわばこれが理想の形ではないかと思います。

家族信託に関係する専門職

弁護士	訴訟手続など法律事務全般
司法書士	登記手続代理、裁判所・検察庁・法務局に提出する書類作成、簡裁代理業務など
行政書士	官公署に提出する書類の作成、権利義務・事実証明に関する書類の作成など
税理士	税務代理など
社会福祉士	福祉に関する相談援助など

　相続・認知症対策を目的とする家族信託については相続・遺言・成年
後見・福祉などに詳しい専門家が、事業承継を目的とする家族信託につ
いては企業法務・税務に詳しい専門家が、中心となってコーディネート
することが多くなっています。

04 家族信託の目的と信託する財産

家族信託は、委託者が望む未来を実現する手段だと説明されますが、家族信託の目的とはどんなことなのでしょう。

実現したい未来が信託目的になる

信託目的とは、家族信託で実現したい目的のことです。多くの場合、委託者が望む未来像が信託目的となります。例えば、認知症の両親に楽しく安心して暮らしてもらうことやアパートオーナーが認知症になった後も大規模修繕できるようにしておくことなどが信託の目的となります。従来から、希望する未来を実現する手段としては**生前贈与**や**財産管理契約**、**遺言**などがありますが、現在では家族信託も有力な手段の一つになっています。

遺言？ 家族信託？ 生前贈与？

信託財産の管理・処分は受託者が行う

受託者は、家族信託の目的を実現するために信託財産の管理・処分を行います。アパートなどの管理委託契約とは異なり、家族信託を行うと、信託財産の**所有権**は受託者に移るとされています。

所有権が移るため、不動産を信託した場合は、登記簿上の所有者名義

を受託者に変える必要があります。もちろん、所有権が移るからといって受託者が自由自在に財産を管理・処分できるわけではありませんが、受託者に広範な権限が認められることになります。

信託目的は受託者の行動指針

家族信託では、受託者は信託目的を実現するために仕事をするため、信託目的は受託者の行動指針となります。信託目的は受託者の権限行使の根拠となるものですが、信託目的に沿わない行為を禁じるという意味では、広範な権限を持つ受託者の暴走を防ぐという役割も果たします。契約で受託者の一定の行為を制限や禁止することも可能です。受託者にしっかり仕事をさせ、信託目的を確実に実現するためには、信託目的を明確に定めておくことが不可欠です。

【参考】

信託法第26条（受託者の権限の範囲）

受託者は、信託財産に属する財産の管理又は処分及びその他の信託の目的の達成のために必要な行為をする権限を有する。ただし、信託行為によりその権限に制限を加えることを妨げない。

複数の目的がある場合、家族信託契約も複数になる

家族信託契約は必ず一つにまとめる必要はありません。信託の目的が異なる場合には、契約も目的ごとに分けた方が安全です。家族信託は目的達成の観点から制度設計がなされるため、目的が異なれば通常、信託の終了時期などの制度設計が異なるからです。

信託財産や受託者ごとに契約を分けることも可能です。制度設計を誤ると、目的を達成する前に信託が終了してしまったり、余計な税金の支払いが発生することもあり得ます。ですので、家族信託の制度設計を行う際は、細心の注意を払う必要があります。

05 受託者って何をする人？

受託者は家族信託の要となる存在です。ここでは、受託者の仕事内容を具体的に見てみましょう。

受託者となるための資格

第2章2で説明したことの繰り返しになりますが、**受託者**とは、信託目的を達成するために委託者から信託された財産の管理・処分を行う者をいいます。

信託財産を管理・処分する能力が求められるため、**未成年者**や**成年被後見人**、**被保佐人**は受託者になることはできません。これら以外の者であればすべて受託者となることが可能です。破産者や法人であっても受託者となることができます。

受託者の仕事内容

受託者には、**信託目的**を達成するために必要な行為を行う権限が与えられます。

ある高齢者の生活を守ることを目的としてその自宅が信託された場合を例にとって考えてみます。受託者は、受益者である高齢者の暮らしを守るために建物を管理します。例えば、台風で屋根や外壁が壊れた場合には修理をすることも必要です。また、契約内容によっては、その高齢者が施設に入る必要が生じた際に、その入居資金を確保するため、受託者は信託財産である建物を売却することも可能です。

受託者の義務

受託者の権限はとても広いといえますが、受託者が好き勝手に信託財産を処分することが許されるわけではありません。受託者の権限は信託

目的を達成するために、必要な範囲内で認められるにすぎません。

　また、あらかじめ契約によって受託者の権限を制限しておくことも可能です。

　例えば、不動産を信託した場合に、その不動産を売却するには**受益者**の同意が必要と定めておくことができます。さらに、受託者には、信託事務を遂行する上で法律上いくつかの義務が課せられています。受託者の権限濫用を防止し、受益者が適正に家族信託の利益を享受できるようにするためです。

　信託財産が金銭の場合を例として考えると、受託者は自己の財産と信託財産を混同しないよう、信託財産専用の口座をつくって信託財産である金銭を管理するのが一般的です。

受託者の義務

義務の種類	内容
善管注意義務 （ぜんかん）	受託者の社会的・経済的地位や職業等から考えて、一般的に要求される注意能力を持って信託事務を行う義務。
忠実義務	受益者のために忠実に信託事務を行う義務。受託者と受益者の間で利益が衝突する行為が禁じられる。
分別管理義務 （ぶんべつ）	信託財産と受託者固有の財産を区別して管理する義務。
自ら信託事務を遂行する義務	信託事務を受託者自らが行う義務。信託事務を第三者に委託することを許容する契約の定めがある場合や、相当の理由がある場合などは第三者への委託も可能。
帳簿等の作成・報告・保存義務	年に1回、信託財産について貸借対照表等の書類を作成し、受益者に内容を報告する義務。書類は10年間保存する必要あり。
損失てん補責任	受託者がその任務を怠ったことにより生じた損失についててん補する責任。

06

家族信託が終了するとき

家族信託を設計する際には、ゴールのイメージを明確に持つことが不可欠です。

家族信託は"目的"を達成したときに終了する

家族信託を開始した人には、必ず家族信託によって実現したい「目的」があります。その目的が達成できた場合には、もう家族信託は必要なくなるため、家族信託は終了します。

家族信託の終了事由を契約で定めておくことも可能です。目的を達成したか否かの判断があいまいで難しい場合があるため、適切な時期に家族信託を終了させるためには、契約で終了事由を定めておくことが一般的です。例えば、認知症である母の暮らしを守ることを目的として家族信託を開始する場合には、母の死亡を終了事由として定めておきます。

信託財産の最終的な帰属先も契約で決められる

家族信託が終了した場合には、**清算受託者**が清算を行います。清算の結果余った財産（以下、**残余財産**）は、最終的に契約で残余財産の取得者として定められた残余財産受益者または帰属権利者の固有財産となります。契約に定めがない場合には、清算受託者の固有財産となります。

家族信託の出口をしっかりイメージしておかないと、最終的に予期せぬところに財産が移ってしまう可能性があります。

残余財産の帰属先

① 残余財産受益者または帰属権利者

② 委託者またはその相続人その他の一般承継人

③ ①及び②がいない場合は清算受託者

清算受託者（せいさんじゅたくしゃ）

　家族信託終了後に信託財産の清算事務を行う者。信託財産に属する債権の取り立てや債務の弁済を行った後、残余財産の給付を行う。通常は、受託者がそのまま清算受託者となる。

予期せぬ事態で家族信託が終わってしまうことも!?

　家族信託は、目的を達成した場合や契約で定めた終了事由が発生した場合に終了します。また、**委託者**と**受益者**はいつでも合意によって家族信託を終了させることができます。さらに、家族信託はこれら以外の場合でも法律で定められた事由が発生した場合に終了します。

信託法の定める終了事由

①委託者及び受益者が合意したとき

②信託の目的を達成したとき、または信託の目的を達成することができなくなったとき

③受託者が受益権の全部を固有財産で有する状態が1年間継続したとき

④受託者が欠けた場合であって、新受託者が就任しない状態が1年間継続したとき

⑤信託財産が費用等の償還または前払いに不足している場合において、受託者が一定の規定により信託を終了させたとき

⑥信託の併合がされたとき

⑦特別の事情により、信託の終了を命ずる裁判または公益確保のための信託終了を命じる裁判があったとき

⑧信託財産について破産手続き開始の決定があったとき

⑨委託者が破産手続開始の決定、再生手続開始の決定または更生手続開始の決定を受けた場合において信託契約が解除されたとき

⑩信託行為において定めた事由が生じたとき

07

遺言ではできない複数世代に わたる財産承継もできる

家族信託では、遺言では対応できない複数世代にわたる財産承継を実現することができます。

自分の弟子に財産を譲りたい

　彫刻家のAさん（85歳）は、妻と2人暮らしです。Aさんには弟がいますが、兄弟の仲が悪く、今では連絡を取り合っていません。

　Aさんは、最近著しい判断能力の低下を感じており、財産管理に不安を感じるようになってきました。

　自分の死後は妻に遺産をすべて相続させたいと思っていますが、Aさんと妻、2人とも死亡した後は、妻の面倒を見ることを条件に、自分の遺産をすべて長い間、息子のようにかわいがってきた弟子に渡したいと考えています。

相続対策は遺言だけで大丈夫か？

　遺言はとても有効な相続対策の手段ですが、万能な方法とはいえません。遺言では、自分の死後の財産の帰属先を決めることができるものの、それ以降に生じた相続については財産の帰属先を決めることはできないのです。

　前出の事例をもとに考えると、Aさんは遺言を書くことによって自分の

全財産を妻に相続させることは可能です。しかし、その妻が死亡した後、全財産を親友などの第三者に渡す旨を遺言で定めることはできないのです。

家族信託なら複数世代にわたる財産承継が可能に

　家族信託では、数次にわたって受益者を定めておくことが可能です。これを「**後継ぎ遺贈型受益者連続信託**」といいます。さらに、家族信託では、信託が終了した場合の信託財産の帰属先も決めておくことができます。これらの機能を利用することで、遺言では実現できない二次以降の相続についても財産の帰属先を定めておくことができます。

　事例では、以下の内容で信託契約を締結することによって、最終的に財産を弟子に譲るという目的の達成が実現できます。

```
【信託契約の内容】
・委託者：Aさん
・受託者：弟子
・受益者：当初はAさん、Aさん死亡後は妻
・信託終了事由：Aさんと妻が共に死亡したとき
・帰属権利者（信託終了時の信託財産の帰属先）：弟子
```

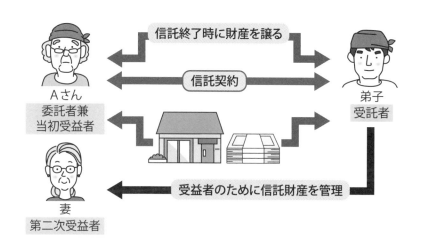

08 成年後見ではできないことも できる！

家族信託を利用すれば、成年後見制度ではできないことを実現したり、成年後見制度の不便さを解消したりすることができます。

成年後見制度とは？

成年後見制度は、認知症や障害などにより、**判断能力**が十分でない人を法律的に支援する制度です。

判断能力が十分でない場合、本人の財産の管理、介護や医療の契約、**遺産分割協議**や不動産の売買などをする必要があるときに、自分でこれらの手続きや契約をすることができません。そこで、判断能力が不十分な本人のために、成年後見人などの支援者が本人の代わりに手続きや契約をすることで、本人を支援していく制度を成年後見制度といい、本人の状況により、以下の2つの種類に分けられます。

■任意後見制度

任意後見制度は、元気なうちに、将来自分の代わりに手続きや契約をしてくれる予定の人（任意後見受任者）を決めて、本人とその人との間で契約を結んでおき、その後本人の判断能力が衰えたら、約束通り自分を支援する任意後見人として、自分を支援してもらう制度です。

■法定後見制度

法定後見制度は、認知症や障害などにより、いま現在、すでに判断能力が不十分な人について、本人を支える後見人等を家庭裁判所が選び、その後見人等が本人の代わりにさまざまな手続きや契約をすることで、本人を支援する制度です。

任意後見と法定後見の違い

　任意後見と法定後見、2つの制度の大きな違いは「自分を支援する人を自分で決められるか」と「取消権があるか」の2点です。

■自分を支援する人を自分で決められるか

　任意後見では、あらかじめ支援してもらいたい人との間で契約を結んでおき将来に備えるので、自分の希望する人に支援者になってもらうことができます。

　しかし法定後見では、すでに本人の判断能力は衰えているため、支援者は裁判所が職権で選びます。そのため、2018（平成30）年の最高裁判所の統計によると、親族以外の第三者が後見人等に選ばれるケースがとても多く（76.8％、実に4分の3以上）なっており、この点に不満を感じる人が多いようです。

| 第三者 | 第三者 | 親族 | 第三者 |

4人中3人は第三者が後見人になる

■取消権があるか？

　悪質商法などにだまされてしまい、判断能力が不十分な本人が契約を結んでしまった場合などに、後からその契約を取り消すことができる権限を「**取消権**」といいます。

　この取消権は、法定後見の成年後見人にはありますが、任意後見の受任者にはありません。したがって、任意後見制度を利用した場合は、財産管理の部分において、本人の保護に欠ける場合があります。

成年後見制度ではできないこと

成年後見制度（任意後見・法定後見）は、本人のために本人の財産を守ることが制度の中心的な考え方です。そのため、安全確実な財産管理が徹底しており、積極的な資産の活用や相続対策、賃貸物件の管理やリフォーム、自宅不動産の自由な売却などは制限されます。

そして、裁判所の監督の下、元気だったころの本人の意思や家族の希望とはかかわりなく、財産の管理が進んでいくことになります。

しかし、家族信託を利用すれば、そのような成年後見制度の弱点を補うことができます。

成年後見ではできないこともできる

家族信託では、財産を管理・処分する権限が、もともとの財産の所有者（**委託者**）から、財産を預かって管理する人（**受託者**）に移ります。そのため、もし、元の財産の所有者が認知症などにより判断能力が不十分になったとしても、その影響を受けることなく、預かって管理する人が継続して管理・処分できます。

そして、委託者が財産を預けるときには「どの財産を、どんな目的で、誰のために、どのように使うのか」をしっかりと決めて信託しますので、預かった受託者はそれに従って、管理することになります。

家族信託を利用すれば、自分の代わりに財産を管理する人を自分で選べるだけでなく、受託者がタイミングを見極めて、自宅の売却や相続対策など、もともとの財産の所有者の意思に従って家族の希望にかなう自由で柔軟な財産管理が可能となります。

認知症や障害のある家族がいる場合の相続対策

法定後見制度の利用の動機として多いものに、**遺産分割協議**をするため、というものがあります。これは相続手続きをする際に、相続人の中に判断能力が不十分な方がいる場合、後見人等を選ばないと手続きを進

められないことからくるものです。

　しかし、いったん後見人等が選任されると、相続手続きが終わっても、本人が判断能力を取り戻すか、死亡するまで後見人の職務は終わりません。そのため、弁護士などの専門職が後見人になった場合、年間20万円〜数十万円の後見人等の報酬を払い続けることになります。

　この点、家族信託を利用して、自分が死亡した際の財産の行方をあらかじめ決めておけば、遺産分割のためだけに成年後見制度を利用するという不便さや、家族以外の第三者後見人や裁判所の関与を避けられるとともに、後見人等への報酬の節約にもなり、残された配偶者はもとより、家族全体の幸せと安心につながるとも考えられます。

■費用の比較

	成年後見制度（法定後見）		家族信託	
利用を始めるにあたって必要となる主な費用	15万〜25万円程度		40万〜100万円	
	法定費用等	6000円〜1万円	コンサル報酬	10万円〜
	鑑定費用	5万〜10万円	契約書作成報酬	10万円〜
	診断書	5000円〜1万円	公証人手数料	5万〜10万円
	各種証明書	3000円	登録免許税	評価額による
	司法書士報酬（申立て支援）	10万円〜	司法書士報酬（信託登記）	10万円〜
利用を開始した後毎年必要となる主な費用	後見人等の報酬		特になし	
	管理財産額	報酬（月額）	※受託者の報酬を定めてもよい。※専門職を信託監督人とした場合、報酬が必要となる	
	1000万円以下	2万円		
	1000万〜5000万円	3万〜4万円		
	5000万円超	5万〜6万円		
10年間の概算費用	600万円		初期費用40万〜100万円	
	申立関連	20万円		
	後見人等基本報酬	480万円		
	後見人等付加報酬	100万円		

ここに記載した報酬額等はあくまで一例です。詳しくは専門家にご相談ください。

09 家族信託に必要な費用

家族信託を始めるにあたり、費用はどのくらいかかるのでしょうか。
こんなはずではなかったとならないように、かかる費用の把握を！

家族信託を利用するために必要な費用

　家族信託を利用する際には、設計する信託の内容や財産の種類などに応じてさまざまな手続きが必要となります。

　主なものは以下のものです。

① コンサルティング報酬

専門家が家族の希望をヒアリングして、最適な信託の内容を提案する

② 家族信託契約書作成報酬

提案内容に沿った契約書案を作成し、公証役場と連絡・調整をする

③ 公証人手数料

公証人が契約書を公正証書で作成。手数料は財産の価額により全国一律

④ 不動産登記の登録免許税

不動産を信託財産とする場合に必要。固定資産税評価額を基準に算定

⑤ 司法書士の登記報酬

不動産登記を依頼する場合の代行費用。信託登記を専門家以外が行うのは困難

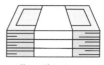

費用がかかる！

①コンサルティング報酬

　信託の設計を士業など専門家の協力を得て行う場合に必要となります。専門家が家族の希望をヒアリングし、希望をかなえる最適な信託の内容を設計し、家族に提案します。

　報酬の金額は、それぞれの専門家によりさまざまなので、あらかじめ確認するようにしましょう。信託の内容によりかかわる専門家が増えたり、受託者となる法人を設立するなど内容が複雑であったり、信託財産に農地が含まれていたりすると、その分だけ業務量が増え、それに応じて報酬が加算されることになります。

②家族信託契約書作成報酬

　家族からのヒアリングをもとに設計した信託の内容に基づいて、専門家に信託契約書の作成を依頼する場合に必要となります。専門家によっては、①と②を合わせて考える場合もあります。

　この報酬金額も専門家によってさまざまですので、あらかじめ確認しておくとよいでしょう。

　信託の内容が複雑になると、契約書の条項数も多くなりますので、やはり、その分だけ費用が割高になることもあります。

③公証人手数料

　家族信託契約書を**公正証書**(こうせいしょうしょ)として作成するための費用です。手数料の額は全国一律で、信託財産の価額によって変わります。

　これ以外にも、用紙代や公証人の旅費・日当などが必要になる場合もあります。

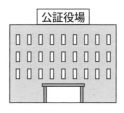

公証役場

公証人手数料

信託財産の価額	公証人手数料
100万円以下	5,000円
100万円を超え200万円以下	7,000円
200万円を超え500万円以下	1万1,000円
500万円を超え1,000万円以下	1万7,000円
1,000万円を超え3,000万円以下	2万3,000円
3,000万円を超え5,000万円以下	2万9,000円
5,000万円を超え1億円以下	4万3,000円
1億円を超え3億円以下	4万3,000円に超過額5,000万円までごとに1万3,000円を加算した額
3億円を超え10億円以下	9万5,000円に超過額5,000万円までごとに1万1,000円を加算した額
10億円を超える場合	24万9,000円に超過額5,000万円までごとに8,000円を加算した額

法律行為に係る証書作成の手数料（公証人手数料令第9条別表）

④不動産登記の登録免許税

　信託財産に不動産が含まれる場合、委託者から受託者への所有権移転（名義変更）と信託登記を行う際に登記費用として必要となるのが**登録免許税**です。

　所有権移転については非課税で、信託分についてのみ収入印紙で法務局に納めます。税率は以下の通りです。

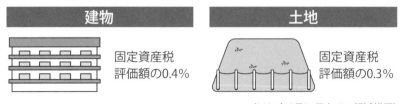

（2021年3月31日までの軽減措置）

⑤司法書士の登記報酬

信託登記は信託目録の調製などの必要もあって、簡単な登記ではないため、司法書士に依頼するのが一般的です。

その場合、司法書士への報酬が必要となります。この報酬金額も専門家によりさまざまですので、あらかじめ確認することをおすすめします。

以上見てきたように、家族信託を利用する際に必要な費用には、誰が手続きをする場合にも必要となり、金額が決まっている③④の費用と、依頼内容や依頼する専門職によって金額に差が出る①②⑤の費用の大きく2つに分けられます。

●金額が定まっている	●金額に差が出る
③公証人手数料	①コンサルティング報酬
④不動産登記の登録免許税	②家族信託契約書作成報酬
	⑤司法書士の登記報酬

家族信託の内容は家族の状況・要望によって千差万別な上に、専門家の報酬は完全に自由化されているため、金額の目安をお伝えすることは難しいのですが、概算の費用としては、総額で

> 信託財産に不動産を含まない家族信託…30万円くらいから
> 信託財産に不動産を含む家族信託…50万円くらいから

というのがおよその額になるでしょうか。

この金額だけを見ると、「高い！」と思われるかもしれませんが、財産管理制度の一つである後見制度と比較すると、どうでしょうか？

第三者後見人の報酬は月額2万～6万円、年にして24万～72万円程度です。これを10年継続すると、実に240万～720万円ものお金を報酬として支払わなければなりません。家族信託を利用することで得られるメリットを考えると、決して高くはないのではないでしょうか（55ページ参照）。

【コラム】
家族信託はお金持ちのためのものか？

●一般的な家庭だからこそ相続について考えるべき

　家族信託は、相続の生前対策として有効な手段です。相続対策などは、資産家の人が関心のあることで、自分には関係ないと思っている人は少なくありません。でも、本当にそうなのでしょうか。

　裁判所の直近の統計によると、相続人間で遺産分割協議がまとまらず、裁判所での遺産分割調停となった事件のうち、遺産総額が1,000万円以下の事件が約33％を占めています。そして、事件の約76％が遺産総額5,000万円以下の事件となっています（平成30年度司法統計より）。この数字は、筆者の経験上得られた感覚にも合致します。

　いわゆる資産家の人には、たいてい顧問の税理士や弁護士などがついており、綿密な生前対策を行っているものです。そのため、意外にも親族間で揉めることが少ないのです。相続を巡る紛争は、むしろ「一般的な家庭が抱える問題」ととらえた方がよさそうです。

●相続人間での紛争の余地がない対策を！

　遺産分割が整わない場合、遺産分割調停を行うことになります。裁判所を通じた手続きは、相続人に強い不安とストレスを与えます。もちろん、遺産分割協議を巡る対立は、しばしば相続人間の関係を破壊します。最終的に遺産分割について合意できたとしても、一度ひびが入った人間関係を修復することは容易ではありません。

　自分の死後に相続人同士が争う事態は誰も望まないものです。親族間での揉め事がないように祈るだけでは不十分で、やはりトラブルに発展する余地のない対策をしておくことが求められます。

　家族信託をはじめとする生前対策には一定の労力や費用（コスト）が発生しますが、これを相続人間の関係を良好に保つためのコストとして考えてみれば、それ程高いものではないといえるでしょう。

第3章

家族信託の税金と相続対策

信託を設定したとき

家族信託を行ったら、どんな税金が発生するのでしょうか？　設定した時点から順に確認していきましょう。

「経済的利益を受けるのは誰なのか」がポイント

　財産を適切な対価なしで子供にあげてしまったら、贈与とみなされて**贈与税**がかかります。

　また、相続で亡くなった親から、財産を相続した場合は、これには**相続税**がかかってきます。

> おことわり　税務では細かい規定がたくさんあり、一律に贈与税や相続税、所得税がかかるとは断言できませんが、説明の都合上それらに触れないで話を進めていきます。

　信託では、誰がその財産から生ずる利益を受けるのかを考えます。「**委託者＝受益者**」である信託を設定したときは、財産を管理する権利だけが移転しているので、贈与税や相続税の視点からは所有権が移ったとは考えません。

　では、ここで具体的な事例を見てみましょう。

　親の所有するアパートがあり、このアパートを親（委託者）が子（受託者）に信託財産として設定し、信託契約を結びます。

　この場合にアパートの家賃をもらう権利（受益権）は親に、アパートを管理する権利は子に託されます。これは委託者と受益者が同じである**自益信託**です。

　税務では、その財産から生ずる利益を受ける人を実質的に所有者とみ

なし、税金の対象と考えます。

　ですから、アパートから生ずる家賃収入をもらう権利（受益権）は親（委託者＝受益者）にあり、子（受託者）はその管理などを行うだけなので、今回の信託設定時には贈与税も相続税もかからないことになります。

■贈与税と相続税

①贈与税

無償で（タダで）あげてしまったら…　贈与税がかかる

親　　　　　　　　　　　　　　　　　　　　　子
　　　　　　　　　　　　　　アパートの名義人は子となる

②相続税

親が亡くなり相続したら…　相続税がかかる

死亡した親　　　　　　　　　　　　　　　　　子

アパートの名義人は子となる

■家族信託の場合

③信託（自益信託）したら

アパートの管理を委託するだけ…　贈与税・相続税はかからない

親　　家賃を受取る権利　　アパートを管理する義務　　子

信託した人が亡くなったとき

信託した人が亡くなった場合、信託終了事由がどのように定められていたかによって税金が変わってきます。

委託者が死亡した場合の税金

遺言信託（信託法第3条二号）の場合は、別段の定めがある場合を除き、委託者の地位を相続により承継されることはないこととなっています。

普通の信託契約の場合は、信託の終了事由として別段の定めがある場合を除いて、信託した人が亡くなったときには、原則としてその地位は委託者の相続人に承継されると考えられます。

では、「委託者＝受益者」であった場合はどうなるのか？　委託者が亡くなれば、受益権は誰に渡るのかを考えてみましょう。

●死亡時に受益権を移転させる場合【受益者連続型信託】

現在の受益者（＝委託者）が持っている受益権をその死亡時に次の受益者に承継させるには、契約時に「**受益者連続型信託**」を設定する必要があります。この受益権の承継回数に制限はありません。さらに次の受益者、その次のまたその次の受益者にも承継させることができます。ただし、信託法により家族信託を設定して30年経過後は受益権の承継は1回しか認められません。

●受益者連続型信託の場合の税金

この受益権は、理論上は最初の受益者の死亡により一度消滅し、次の受益者と指定された者に、新たに受益権が発生すると考えられます。

しかし税務上は、この受益権の承継は**遺贈**とみなされ、**相続税**の対象となります。受益権が承継される度に、相続税を払う可能性もあるわけです。そして指定された受益者と、その直前の受益者との関係によっては相続税の**2割加算**（186ページ参照）の対象にもなります。

■受益者連続型信託の具体例

●子供がいないＡさん夫婦の場合

　夫であるＡさんは自分の死亡後は配偶者（妻）Ｂさんに住んでいる土地を渡したいが、Ｂさんの死亡後はＢさんの身内にその財産が移転するのを防ぎ、Ａさん自身の姪Ｃさんに財産を承継させたいと考えています。

　この場合、当初の「委託者＝受益者」をＡさんとし、受託者をＣさんとします。そしてＡさんの死亡後は受益者を妻のＢさんに、Ｂさんの死亡後は残余財産の帰属者を姪Ｃさんに指定します。

●税金はどうなる？

　Ａさん死亡時には、妻のＢさんが受益権を遺贈により取得したものとみなされて**相続税**が課税されます。Ｂさん死亡時にはＣさんが遺贈により財産を取得したものとみなされて、また**相続税**を課税されます。そしてＣさんは三親等の血族にあたるので、相続税の**2割加算**の対象とされます。

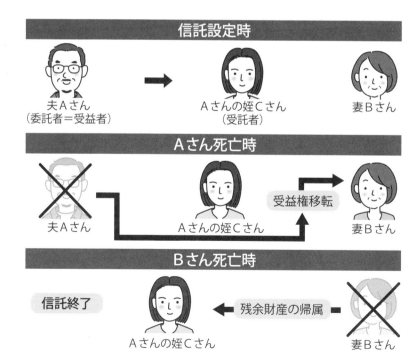

信託設定時

夫Ａさん
（委託者＝受益者）　　→　　Ａさんの姪Ｃさん
（受託者）　　　　　　　妻Ｂさん

Ａさん死亡時

夫Ａさん　　　　Ａさんの姪Ｃさん　　受益権移転　　妻Ｂさん

Ｂさん死亡時

信託終了　　　　Ａさんの姪Ｃさん　←　残余財産の帰属　←　妻Ｂさん

03 信託受益権を売買したら…

信託受益権を売買することができるのか？　できるのなら、その場合の税金はどうなるのでしょうか？

受益権の譲渡はできる、できない？

受益権は原則として、自由に譲渡できます。しかし、信託契約の設定によって、できる場合とできない場合があります。

また、受益権だけが一人歩きして自由に譲渡されると、委託者の当初の目的（信託に託する思い）が実現できなくなることもあります。信託契約の設定時にどのようにしたいのかよく考えて、内容を設計しましょう。

●信託受益権だけを譲渡できるのか？

1. 信託契約で受益権の譲渡制限等がある場合
　➡契約の定め通りとする
2. 信託契約で受益権の譲渡制限がない場合
①受益権の性質上許されないものであるとき
　障害者の扶養のためなど➡譲渡できない
②上記①以外のとき
　➡譲渡できる

●受益権を売買したら税金はどうなる？

投資信託を考えてみます。持っているお金をプロのファンドマネージャーに託し、対価として管理手数料などを払い、信託から生ずる利益（配当や分配金）を得ます。その利益に対して税金がかかります。投資信託を売った場合は、元本と売却収入との差額に譲渡所得税がかかります。

信託受益権もまったく同じことがいえます。信託中の受益権から生ずる利益は受益者の所得税の対象となります。また、受益権を売った場合は受益者に譲渡所得税がかかります。

※一律に税金がかかるとは言い切れませんが、説明を簡単にしています。

■簿価1億円の不動産を2億円で売ったときと同じように考える

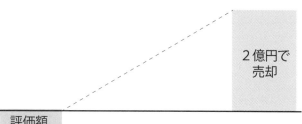

●受益権を購入したら

　不動産にかかわる受益権を購入した場合は、不動産そのものを購入した場合に払わなければならない**不動産取得税**を払わなくて済みます。

　ただし、登記に伴う**登録免許税**はかかってきますが、こちらも不動産を購入した場合と比べて低額で済みます。

※詳細は74〜77ページを参照。

【参考】　信託受益権の質権設定

　信託行為では、受益権に質権を設定することができます。受益権の売却と同様に、当初の信託行為に質権設定の制限等の定めがなく、受益権の性質上、許されないものでない場合に可能となります。例えば、信託財産が不動産の場合、受益者が受益権を担保に入れて新たな資金を調達する場合などに利用されます。

　受益権の譲渡・質権設定どちらも、当初の信託行為いかんによって利用できるかどうか決まります。また、譲渡や質権設定を行う際には、十分な法律知識が必要となります。必ず専門家に相談するようにしましょう。

第3章
家族信託の
税金と相続対策

信託受益権の評価について

受益権の評価は、自益信託か他益信託か、さらに収益受益権と元本
受益権によって評価方法が変わってきます。

収益不動産の評価方法はちょっと複雑

　信託の**受益権**とは、権利証書や株券のことではなく、信託した財産から発生する収益を受取ったり利用したりする権利の総称を意味します。ですから、受益権の種類は金銭、有価証券、金銭債権、不動産などあらゆるものを含みます。売買されるのは、一般的に収益不動産にかかわる受益権が多いようです。

　財産評価基本通達（財基通202）に定められている評価方法に沿って見ていきましょう。

1. 元本と収益の受益者が同一人である場合（委託者＝受益者）
①受益者が一人であるとき

　課税時期における信託財産の価額

②受益者が複数いるとき

　課税時期における信託財産の価額にそれぞれの受益割合を乗じて計算した価額

2. 元本の受益者と収益の受益者が異なるとき

　これはいわゆる**受益権複層化信託**と呼ばれるものです。元本受益権と収益受益権を分割した信託を指します。

　不動産で考えてみると、元本受益権は不動産そのもので、収益受益権は家賃収入にあたります。信託契約で元本受益権は子供に設定し、収益受益権は親（委託者）とします。

①収益受益権の評価

【収益受益権は課税時期の現況の受益者が将来受けるべき利益の価額ごとに、課税時期からそれぞれの受益の時期までの期間に応ずる基準年利率による複利原価率を乗じて計算した金額の合計額（財基通202－3ロ）】

どういうことかというと、家賃収入が年間で100万円入るとします。しかし、今年の100万円は10年先の100万円と同じ価値であるとは限りません。ですから、収益受益権を評価するには基準年利率と割引現在価値という概念を用いて評価します。詳しい計算は省きますが、家賃収入として想定される金額が少しずつ下がっていきます。

②元本受益権の評価額

【元本受益権は、課税時期における信託財産の価額から、①により評価した収益受益権を控除した金額（財基通202－3イ）】

つまり、信託財産（不動産）の価額から①で計算した収益受益権の価額を控除した金額となります。

評価額の推移

元本受益権

収益受益権

信託開始　信託開始時に親から子に元本受益権の贈与があったものとみなされる　信託終了

収益受益権を評価することは難しく、恣意性が入り込む可能性もあり、受益権の評価額が税務上妥当であるかどうかの懸念もあります。また実際には、この事例のように単純ではなく相続税や贈与税の問題も絡んできて複雑なものとなります。

信託にかかわる税金の流れ

家族信託を設定した場合、誰にどのような税金が発生するのでしょう。ここでは税負担について整理しておきます。

税金を払うのは委託者？　それとも受託者？

アパートを信託財産とした場合を考えてみましょう。

【事例1】

Aさんがアパートを信託財産として息子のBさんに委託しました。Bさんは受託者として管理を行います。Aさんは家賃収入を従来通り受取ります。

1.【委託者＝受益者】である場合

これを自益信託といいます。

①信託設定時

「委託者＝受益者」であるときは、流通税以外の税金はかかりません。

※流通税については第3章6参照

②信託中

受益者であるAさんにアパートの家賃収入が入ります。Aさんはこの家賃収入を今までと同じように所得税の確定申告を行います。

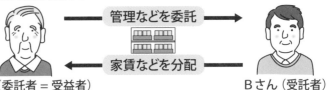

・設定時は課税関係なし

管理などを委託 →

← 家賃などを分配

Aさん（委託者＝受益者）　　　Bさん（受託者）

所得税の確定申告義務はAさんにある

2.【委託者≠受益者である場合】

これを他益信託といいます。

アパートの所有者のAさんは、息子のBさんに管理を委任し、娘の
Cさんを受益者としました。

①信託設定時に適正対価の授受がある場合

委託者（Aさん）から受益者（Cさん）へ、アパートの譲渡があった
ものとして課税関係を考えます。Aさんは普通の不動産の譲渡時と
同じように、譲渡所得税の課税対象とされます。適正対価の支払いが
あれば、Cさんには譲渡時に流通税以外の課税関係は生じません。

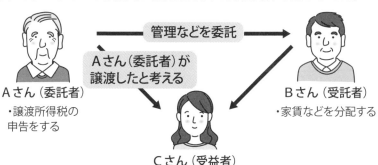

②信託設定時に適正対価の授受がない場合

委託者（Aさん）から受益者（Cさん）へ、贈与または低額譲渡があっ
たものとみなされて贈与税がかかります。遺言により受益者となっ
た場合には相続税が課されます。

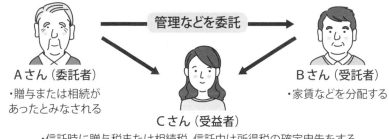

③信託中

　Ｃさんは受益者なので、アパート収入に対し、所得税の確定申告を
する必要があります。

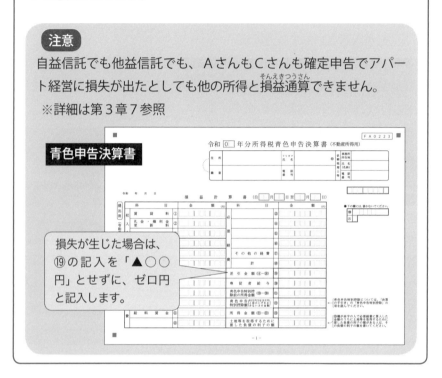

注意

自益信託でも他益信託でも、ＡさんもＣさんも確定申告でアパー
ト経営に損失が出たとしても他の所得と損益通算_{そんえきつうさん}できません。

※詳細は第３章７参照

青色申告決算書

　損失が生じた場合は、
⑲の記入を「▲○○
円」とせずに、ゼロ円
と記入します。

■信託が終了したら

　家族信託が終了した場合、信託の設定時に決めておいた受益者または
帰属権利者に残余財産が渡ります。税務上は実質で判断するため、誰が
経済的利益を得るかで、税金の対象者が変わります。

①受益者＝帰属権利者の場合

　信託終了時に信託財産の実質的所有者は変わっていないので、課税関
係は生じません。

②受益者≠帰属権利者の場合（適正対価の授受がない場合）

　受益者以外の人が信託財産を受取る場合には、受取った人に対し**贈与
税**（遺贈の場合には相続税）がかかります。

信託終了時の課税関係 ※流通税を除く

帰属権利者が受益者であるとき	課税関係なし
帰属権利者が受益者以外であるとき（遺贈）	相続税
〃　　　　　　　　　（贈与）	贈与税

■受益者に信託が知らされていないとき

　受益者に知らせないまま信託を設定することができる場合があります。他益信託では適正対価の授受がない場合、税務上は委託者から受益者に対し贈与等があったとみなされます。受益者が知らずにいたとしても、贈与税や相続税の申告義務がなくなるわけではありません。

　下記の場合では、Cさんが何も知らされずに信託が設定されていても、信託時に贈与税等、信託中は所得税の課税対象とされます。

Aさん（委託者）　　管理などを委託　　→　Bさん（受託者）

適正対価の
支払いなし

受益を
知らせずにおく

Cさん（受益者）
・知らずにいても信託時に贈与税等、信託中は所得税の申告が必要

参考

他益信託で贈与税のかからない例外の一部

・障害者非課税信託

　（障害の程度により3,000万円または6,000万円）

・直系尊属からの教育資金の一括贈与を受けた場合の信託

　（教育の内容によって500万円～1,500万円まで）

・直系尊属からの結婚・子育て支援信託

　（1,000万円まで　※結婚関連費用は300万円まで）

第3章　家族信託の税金と相続対策

不動産取得税・登録免許税・固定資産税・印紙税について

信託に関係する各種の税金について、基本的な知識を習得します。
財産移転時に、誰が何を取得したのかを考えながら見ていきましょう。

不動産取得税

不動産取得税は、不動産を取得したときにかかる税金です。建物や土地を買うと、買った人に課されます。この税金は、贈与されたときにもかかってきます。かからないのは、相続で取得したときです。

では、信託の場合は、どうなのでしょう？

●信託時

不動産の名義は受託者となりますが、不動産取得税はかかりません。実質的な所有者に変更はないとみなされるからです。

●信託中

信託中に受益権が売買や贈与によって別の人に移転しても、不動産取得税はかかりません。また、受託者が変更された場合にも、不動産取得税はかかりません。

●信託終了時

不動産取得税がかかる場合と、かからない場合があるので注意が必要です。

①非課税の場合

信託の効力が生じたときから委託者のみが受益者である信託で、委託者またはその相続人に残余財産が帰属したとき。

②課税される場合

①以外のとき。

固定資産税評価額 × 4 ％

※取得時期などによっては税率の軽減措置あり。

【不動産取得税の計算の方法】 （東京都主税局の例）

取得した不動産の価格[*1]
（課税標準額）　　×　　税率[*2]

＊1　2024（令和5）年3月31日までに宅地等（宅地及び宅地評価された土地）を取得した場合、当該土地の課税標準額は価格の2分の1となる。

＊2　税率は下表の通り。

取得日	土地	家屋（住宅）	家屋（非住宅）
平成20年4月1日から 令和6年3月31日まで	3／100		4／100

■不動産取得税を算定する際の「取得した不動産の価格」について

　不動産の価格とは、総務大臣が定めた**固定資産評価基準**により評価、決定された価格で、新築・増築家屋等を除き、原則として固定資産課税台帳に登録されている価格をいいます。

　したがって、不動産の購入価格や建築工事費ではありません。また、土地や家屋の贈与を受けたり、交換により取得したりした場合も、固定資産課税台帳に登録されている価格となります。

ワンポイント＋α

　新築・増築された家屋については、固定資産税では新築・増築された翌年の1月1日を基準日として課税されるので、初年度において減価が行われる。

　一方、不動産取得税は取得したときの価格によって課税されるので、年数の経過に応じて減価されることがない。そのため多くの場合、不動産取得税の課税の基礎となる不動産の価格は、固定資産税の課税の基礎となる価格と比べて高くなる。

第3章　家族信託の税金と相続対策

登録免許税

　登録免許税とは、不動産などの名義変更をして登記をしたときに払う税金です。通常は登記のときに、収入印紙を購入して支払います。

●信託時

　二種類の登記をしなければなりませんが、その種類によって異なります。

①財産権の移転登記をする場合

　不動産を委託者から受託者に名義変更する際の所有権移転登記については、登録免許税はかかりません。

②財産権の信託の登記をする場合

　不動産を信託したときなどに所有権の信託の登記を行いますが、このときに登録免許税がかかります。

| 固定資産税評価額×0.4% | （土地については0.3%）※時期によって軽減措置あり |

●信託終了時

1.財産権の信託の登記・登録

　信託抹消の登記が必要です。不動産が信託財産であるとき、その抹消登記は1物件につき原則として1,000円です。

2.財産権の移転の登記・登録

　不動産が信託財産である場合は、所有権移転登記にかかわる登録免許税に特例があり、終了時に誰が財産を取得するのかによって課税関係が変わってきます。

①非課税の場合（実質的に移転がないとみなされる）

　信託の効力が生じたときから委託者のみが受益者の信託で、信託財産を取得するのが信託効力発生時の委託者であるとき。

②課税される場合

a.相続による移転とみなされる

　信託の効力が生じたときから委託者のみが受益者の信託で、信託財産を取得するのが信託効力発生時の委託者の相続人であるとき。

| 固定資産税評価額×0.4% |

b.財産を取得するのが第三者であるとき

> **固定資産税評価額×2％**

当初の信託契約と受益者や帰属権利者などの定めによって、これらの税の在り方は変わってきます。必ず専門家に確認するようにしましょう。

固定資産税

固定資産税は、毎年1月1日に、その固定資産を持っている人に対してかかる税金です。信託時に委託者から受託者に不動産などの名義が変わると、その名義人（受託者）が納税義務者となり、翌年に固定資産税の**納税通知**が届きます。

【事例】

Aさん（委託者＝受益者）が、息子Bさんを受託者としてアパートを信託した場合、固定資産税の納税通知はBさんに送られてきます。Bさんはこのアパートの管理をしているだけなので、この場合は受益者であるAさんが税金を払った方がよいでしょう。

そうすることで、アパート収入を税務申告する際にも、固定資産税は経費にすることができます。信託契約書に、当初から受益者の負担として定めておくべきです。

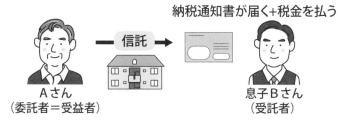

納税通知書が届く+税金を払う

Aさん（委託者＝受益者）　→信託→　息子Bさん（受託者）

印紙税

印紙税は、信託契約書を作成するときやつくり直すとき、受益権を譲渡する場合の契約書などに発生する税金です。1通につき200円になります。

家族信託でも適用できる税金の優遇措置があります。同時に、家族信託を行うと適用できない優遇措置もあります。

結構ある税金の優遇措置

1. 小規模宅地等の特例（できるもの）

①居住用（330㎡を上限）

信託契約の委託者を親A（委託者＝受益者）、受託者を同居の子Bとし、親の住んでいる自宅を信託財産と設定します。信託終了事由は親Aの死亡、残余財産の帰属は子Bにしておきます。

この場合、信託終了時には子Bが親Aから**遺贈**により、信託財産を取得したものとみなされます。被相続人である親Aが居住していた自宅を同居している子Bが取得したわけですから、自宅の敷地について**小規模宅地等の特例**対象とされます。原則として評価額の80％が減額されます。

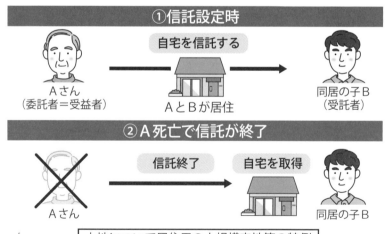

①信託設定時

自宅を信託する

Aさん
（委託者＝受益者）

AとBが居住

同居の子B
（受託者）

②A死亡で信託が終了

信託終了 　　　自宅を取得

Aさん

同居の子B

土地について居住用の小規模宅地等の特例

②賃貸不動産の敷地（200㎡を上限）

　親Cが賃貸用マンションを所有している場合において、信託契約の委託者を親C（委託者＝受益者）、受託者を子Dとし、賃貸用マンションとその敷地を信託契約において信託財産として設定します。親Cの死亡を信託終了事由とし、残余財産の帰属は子Dとします。

　親Cの死亡時に子Dは**遺贈**により信託財産を取得したとみなされますので、**小規模宅地等の特例**が適用できます。原則として評価額の50％が減額されます。

　ただし、賃貸用不動産の敷地の場合は以下の一定制限があります。

- ・死亡時に、賃貸開始から3年を超えて賃貸していること
- ・子Dがそのまま賃貸事業を引き続き営んでいること
- ・その宅地等を相続税の申告期限まで所有していること

※小規模宅地等の特例を適用するには、このほかにもさまざまな要件が複雑に絡み合っていますので、必ず専門家に相談しましょう。

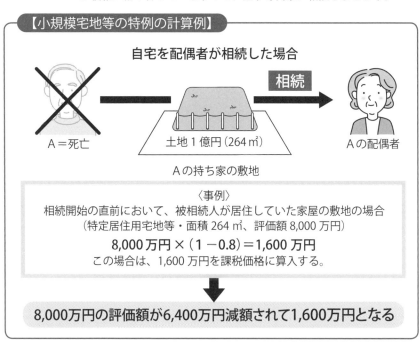

【小規模宅地等の特例の計算例】

自宅を配偶者が相続した場合

相続

A＝死亡　　土地1億円（264㎡）　　Aの配偶者

Aの持ち家の敷地

〈事例〉
相続開始の直前において、被相続人が居住していた家屋の敷地の場合
（特定居住用宅地等・面積264㎡、評価額8,000万円）

8,000万円×（1－0.8）＝1,600万円
この場合は、1,600万円を課税価格に算入する。

8,000万円の評価額が6,400万円減額されて1,600万円となる

2. 居住用不動産の配偶者控除（できるもの）

　結婚後20年以上経過した夫婦間では、配偶者に居住用不動産を、2,000万円を上限として贈与しても贈与税がかかりません。別名おしどり贈与とも呼ばれています。

　こちらも信託でも適用できます。委託者のA（父）が子を受託者として自宅を信託し、自宅の名義は子に、受益者を父とします。この受益権を妻に贈与すれば上記の贈与の特例が受けられます。

①信託設定時

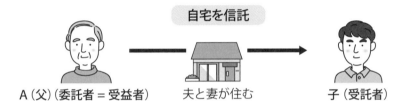

A（父）（委託者＝受益者）　　　夫と妻が住む　　　　　子（受託者）

②受益権を妻に贈与

妻

3. 居住用不動産の売却時の3,000万円控除（できるもの）

　不動産を売却した場合は、売却収入から取得費と譲渡費用を差し引いた**譲渡所得**に税率を掛けて計算します。自宅を売却した場合の税金は以下の算式で求めます。

① 売却収入 － （取得費＋譲渡費用） ＝ 譲渡所得

② （譲渡所得－3,000万円） × 税率 ＝ 譲渡所得の税額

つまり、売却した利益から3,000万円を差し引いて税金を計算するため、税額をかなり少なくできるわけです。信託契約でも、居住用不動産であるかどうかで違いがあります。受益者にとって居住用不動産であるなら、売却時の**3,000万円控除**が使えます。

　親（委託者＝受益者）が子（受託者）に自宅を信託した場合、例えば親が年を取って高齢者用住宅に住み替えたい場合でも、手続きを子供に任せ、今まで住んでいた自宅を売却すれば、前出の3,000万円の特別控除を受けることが可能です。

4. 所得税の損益通算（できないもの）

　第3章5の「信託にかかわる税金の流れ」のところで少し触れましたが、アパートなど賃貸不動産の経営をしていて、不動産所得に損失が出た場合、他の所得（給与所得など）から損失を控除できる制度があります。

　しかし信託財産にかかわる不動産所得から生じた損失の金額は、信託していない他の不動産所得や他の所得と**損益通算**（187ページ参照）をすることはできません。また、信託財産にかかわる損失も繰り越しできません。

　例えば、Aさんが他の事業を営んでいた場合、所有している収益不動産の賃料収入を合算して所得の申告をします。

　この場合に収益不動産に赤字が生じたら、他の事業所得の黒字と通算して損益を計算します。結果として所得が低くなり、税金も安くなります。

　また、この損失は今後**3年間**繰り越しもできますので、翌年以後も損失の数字を黒字と通算することができます。

　しかし、この収益不動産が信託財産である場合、いわゆる租税回避防止規定（措法41の4の2）が働いて、上記の2つの優遇措置は適用できません。これは不動産を家族信託した場合の大きなデメリットといえます。

信託中の税務申告と届出

信託をした場合の会計・税務の処理、書類の作成や手続きは、誰が
どのように行うのでしょうか？

基本的には受託者が行う

●会計処理の原則

「信託の会計は、一般に公正妥当と認められる会計の慣行に従う」（信託
法第13条）とされ、「信託行為の定め等に基づいて行う」のが原則です。
要は、家族信託の場合は "信託の定めに従って普通の税務と同じように
する" と解釈していいでしょう。ちなみに、これらの処理は**受託者**が主
に行います。

　受託者は、信託財産にかかわる帳簿や書類（電磁的記録を含む）を作成
しなければなりません。また、毎年1回一定時期に**貸借対照表・損益計
算書**などの書類を作成し、これらの書類を受益者に報告する必要があり
ます。信託財産の処分にかかわる契約書なども、それに含まれます。書
類等の保存期間は原則として10年間となっています（信託法第37条）。

■信託の会計・税務書類の主なもの

種類	時期	保存期間
信託帳簿	年間で随時	原則として作成後10年間 ※保存期間は書類に応じて例外もある
財産状況開示資料（貸借対照表や損益計算書、財産目録など）	毎年1回一定の時期	
信託財産の処分にかかわる契約書など	随時	

また受託者からこれらについて報告がない場合、受益者は受託者に対し、理由を明らかにした上で、書類の閲覧を請求することができます（信託法第38条）。

■税務署への提出書類

1.信託設定時に税務署に提出するもの

「信託に関する受益者別（委託者別）調書」（図①）及びその「合計表」（図②）

その効力が生じた月の翌月末日までに提出します。ただし、次の場合は、提出不要です。

ア.自益信託（委託者＝受益者）の場合

イ.受益者別に計算した信託財産の価額の合計額（相続税評価額）が50万円以下の場合

図①信託に関する受益者別（委託者別）調書

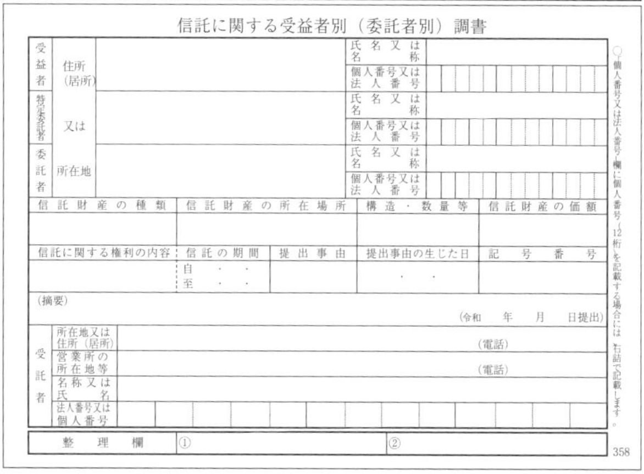

信託に関する受益者別（委託者別）調書

受益者	住所（居所）又は所在地		氏名又は名称	
			個人番号又は法人番号	
特定委託者			氏名又は名称	
			個人番号又は法人番号	
委託者			氏名又は名称	
			個人番号又は法人番号	
信託財産の種類	信託財産の所在場所	構造・数量等	信託財産の価額	
信託に関する権利の内容	信託の期間	提出事由	提出事由の生じた日	記号番号
	自 ・ ・ 至 ・ ・		・ ・	
（摘要）				（令和　年　月　日提出）
受託者	所在地又は住所（居所）		（電話）	
	営業所の所在地等		（電話）	
	名称又は氏名			
	法人番号又は個人番号			
整理欄	①	②		

○「個人番号又は法人番号」欄に個人番号（12桁）を記載する場合には、右詰で記載します。

358

図②信託に関する受益者別(委託者別)調書合計表

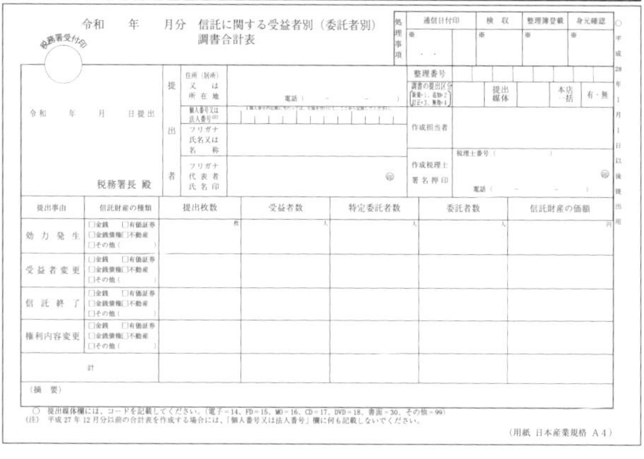

2.会計期間中に受託者が行うこと

①入金された家賃や金銭の利息などを受益者の口座へ振込む
②アパートの管理費用や修繕費、手数料などの支払いをする
③費用・収益をまとめ、残高を集計して決算書を作成する

3.受託者が毎年1月31日までに提出するもの

「信託の計算書」（図③）及び
　その合計表

　ただし、以下の場合は提出不要
です。

・一定種類の信託財産にかかわ
る収益の額の合計額が3万円以下
の場合（計算期間が1年未満の場
合には1万5,000円以下）

　受益者は、不動産所得の場合は
「確定申告書」に加えて、次のも
のが必要です。

イ.通常の不動産所得にかかわる
書類（青色申告決算書・収支内
訳書など）

ロ.信託から生じる不動産所得に

図③信託の計算書

ついての明細書（賃貸料や減価償却費、借入金・支払利子などを記載し
たもの）

4.信託変更時に受託者が税務署に提出するもの

　信託について、信託の変更があった場合には、その変更があった月の
翌月末日までに信託財産の種類・所在場所・価額などを記載した「**信託
に関する受益者別（委託者別）調書**」と、その「**合計表**」を提出する必要

があります。

　ただし、次の場合には提出の必要はありません。

・受益者別に計算した信託財産の価額の合計額が50万円以下であるとき

5.信託終了時に受託者が提出するもの

　受託者は、信託が終了した月の翌月の末日までに「**信託に関する受益者別（委託者別）調書**」と、その「**合計表**」を提出する必要があります。

　ただし、以下の場合は提出の必要はありません。

　a. 受益者別に計算した信託財産の価額の合計額が50万円以下のとき

　b. 終了直前の受益者に残余財産が帰属するとき

　c. 残余財産がないとき

●まとめ

いつ	誰が	何を	どこへ
信託設定時	受託者	信託に関する受益者別（委託者別）調書と合計表	受託者の事務所等の所在地の所轄税務署長
信託中 毎年1月31日までに		信託の計算書と合計表	
信託変更時		信託に関する受益者別（委託者別）調書と合計表	
信託終了時			

※信託の設定内容によっては、上記以外の書類が必要になることもある。

09

贈与税を課税されない 家族信託契約書

家族信託の契約書を自分で作成することはできるでしょうか。
ここでは、贈与税のかからない契約書のポイントを解説します。

信託の利用で贈与税がかからない

【事例】

　父親であるAさんは、受益者を自分として所有するアパートの管理
などを息子Bさんに任せ、Bさんを受託者として信託契約を作成しま
す。

信託設定時

①信託の趣旨・目的・信託財産を決めます。

②委託者＝受益者とします。

アパートを信託する

父A
（委託者＝受益者）

息子B
（受託者）

このパターンにしておけば、設定時に贈与税はかかりません。

信託契約書の最初の文言に委託者と受託者をはっきりと書きます。

信託の目的（受益者の生活の安定のためなど）

委託者・受益者・受託者をそれぞれ記載

信託財産の中身を具体的に

信託の終了事由と帰属者を明確に

契約書の簡単なひな形を見てみましょう。

信託契約書

委託者（A）及び受託者（B）は以下のとおり信託契約を締結する

> 父Aとします

第〇条（受託者）
本件信託の当初受託者は次の者（B）とする
Bの住所
Bの姓名

> 息子Bとします

Bの生年月日

第〇条（受益者）
本件信託の受益者は次の者（A）とする
Aの住所
Aの姓名

> 父Aとします

Aの生年月日

第〇条（信託財産）
　本件信託の信託財産は以下のとおりとする。
1.（信託不動産の目録）
2. 前項の信託不動産の賃貸、売却等の処分、運用により得られる金銭

第〇条（信託の終了）
　本契約は次のいずれかが生じたときに終了する。
1. 受益者と受託者が合意したとき
2. 本信託にかかわる信託財産が消滅したとき
3. 信託法に定める終了事由が生じたとき
4. その他……

　信託契約書は、さまざまなことを想定し、設定時から終了時まであらゆることを網羅して作成しなければなりません。安易に自力で作成しようとせずに、専門家に任せた方が何かと安心です。

信託終了時に税金が発生する

【事例1】

Aさんの資産は、自宅（評価額：家屋1,500万円、土地3,500万円）と預貯金2,000万円です。自宅を子のBさんに信託し、預貯金はそのままAさんが手元に持っていることとします。

委託者	A
受託者	B
受益者	A
信託財産	自宅
信託終了事由	Aの死亡
信託財産の帰属	B

1.信託をした場合

①信託時

　贈与税も相続税もかからない。

②信託終了時

　Bが**遺贈**により、信託財産を取得したものとみなして**相続税**がかかる。このときBは、Aの持っている預貯金2,000万円も合わせて相続税の申告

Ａさんの財産

信託財産　自宅
合計 5,000万円

預貯金　2,000万円

合わせて 7,000万円

相続が発生したら、両方を合わせて申告をする

相続財産の種類別価額表　第15表

相続財産の種類別価額表

第15表（平成30年分以降用）

種類	細目	番号	各人の合計	
土地	田	1		
	畑	2		
	宅地	3	35000000	35000000
	山林	4		
	その他の土地	5		
	計	6		
家屋等		10	15000000	15000000
事業用財産				
有価証券				
現金、預貯金等			20000000	20000000
家庭用財産				
その他の財産		70000000	70000000
	計		70000000	70000000

※特例は考慮に入れていません。

をすることになります。

　ここで注意したいのは、財産額は信託時に予想したものと比べて変動があるということです。現在のような超低金利でしたら、預貯金はそれほど増加しないでしょうが、投資信託や株式、不動産物件は値上がりする可能性があります。また、逆に値下がりすることもあるわけで、そうなった場合は、相続税の納税資金も考慮に入れたプランを立てておかないと、後々困ったことになりかねません。

　税金以外でも、相続権のある人がほかにもいる場合は、信託財産以外の財産で揉め事が起きないとも限りません。誰に、どのように財産を配分するか、信託を設定するときによく考えておくことが大事です。

●贈与税と相続税の比較

　生前に誰かに財産をあげれば、もらった人に**贈与税**がかかります。被相続人が死亡して、相続が発生したら**相続税**がかかります。これらはどちらも無償で財産が移転したときに、発生する税金です。

相続税の申告書

相続税の申告書

氏名　A　B

住所　○○区○○1-2-3　○○区○○1-2-3

長男

【事例2】

　Cさんの保有している現金5,000万円を子のDさんに渡すという前提で、この2つの税金を比べてみましょう。

1.贈与した場合の税金 ※特例税率

［5,000万円−110万円（基礎控除額）］×55%−640万円

＝2,049万5,000円

2.相続した場合の税金

［5,000万円−3,600万円（基礎控除額）］×15%−50万円

＝160万円

　贈与税より相続税の方が税額は低くなるのは明らかです。

3.信託した場合

　Dさんが遺贈によって、5,000万円を取得したものとみなされて相続税がかかります。つまり、2のケースと同じです。このように単純計算してみると、信託が節税対策として有効な手段であるとはいえません。

　ここは節税以外のメリットに目を向けて、家族信託も相続対策の一つの選択肢として講じておくくらいの心構えで臨んだ方がよいと思われます。

■配偶者居住権　※2020（令和2）年4月1日以後の相続から施行

　家族信託では、夫亡き後、妻の住居の保証のために以下のような信託をすることが多いようです。

委託者	夫
受託者	子
受益者	夫、夫の死亡後は妻
信託財産	自宅
信託終了時	妻の死亡
帰属先	子

　他の方法としては、民法改正により**配偶者居住権**が創設されています。これは夫と共に住んでいた自宅を自分（配偶者）は所有せず、他の相続人が相続しても引き続き自宅に住むことができる権利です。

　配偶者居住権は短期（6カ月）と長期があり、登記をすることで効力が発生します。しかし配偶者居住権の評価額の計算は大変複雑であるため、手続きは専門家に任せた方がよいでしょう。また、相続が発生してから取得する権利なので、遺言などではっきりさせておくべき性質のものといえます。

裁量信託と自己信託

信託は委託者の思いに応えるために設定に工夫を凝らしますが、
受託者に大きな裁量権を与えるものもあります。

受託者の自由が大きい裁量信託

信託においては、受託者が信託財産の管理処分権限を持っていますが、
受託者の権限が大き過ぎるものがあり、これを**裁量信託**と呼んでいます。

裁量信託には、受託者が受益者に分配するお金を自由に決定するもの
や、受託者に受益者指定権があるものが存在します。こうすると、受託
者が信託財産を自由に使うことができ、信託の当初の目的はまったく果
たせなくなります。

裁量信託がすべて無効になるわけではありませんが、財産の移転が
あったものとみなされると、思わぬ相続税や贈与税の対象となることが
あります。課税忌避行為とされないよう、十分な注意が必要です。

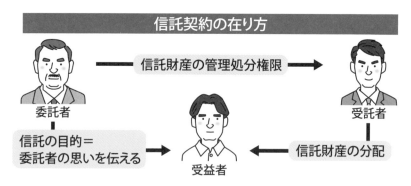

信託契約の在り方

信託財産の管理処分権限

委託者

信託の目的＝
委託者の思いを伝える

受益者

受託者

信託財産の分配

受託者は、信託の目的達成のために必要な行為をすべき義務を負う者
であると定められています（信託法第2条5項）。信託契約により受託者
の権限の範囲を定めることはできますが、それがそもそもの信託の目的
に反するものであってはなりません。

■自己信託

　自己信託とは、信託財産について自分を受託者とする設定である。「信託財産を他の財産とは区別して管理・取り扱いを行う」と公正証書などで作成すると効力が発生する。ある意味、裁量信託の一種といえる。

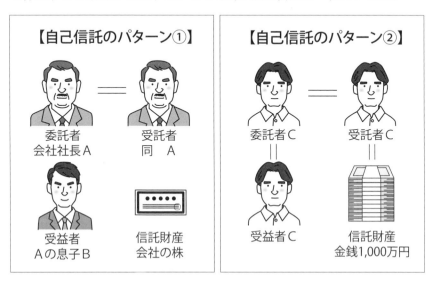

●パターン①の解説

　会社の株式をいずれ後継者に渡すつもりでいるが、まだBが後継者としては十分な力量を持ってはいないため、Aが株式を持ったままで、Bには利益だけを分配するというもの。利益は分配しても会社の議決権を渡さないでおくためのスキームといえる。

●パターン②の解説

　「委託者＝受託者＝受益者」という、あまり見掛けない形式である。信託財産を隔離できることから、家族信託で障害のある子などのために自己信託をして、親の持つ他の財産とは切り離しておく。こうしておくことで、信託財産は、親の破産などから守られる。ただし、この機能を悪用した債権者詐害目的ととられないよう、設定には注意が必要である。また（受託者＝受益者）である状態が1年間継続すると信託は終了する（信託法第163条二号）。

生前贈与では、大きな額のお金や不動産の贈与をすると、贈与税がかかってしまうことがあります。これが信託ならどうなるでしょう。

認知症リスクは家族信託で対応する

【事例】

　私（Aさん：女性75歳、夫はすでに死亡）には、娘（35歳）がいます。最近、その娘が離婚してシングルマザーとなりました。生活費には困っていないようですが、孫（1歳）が大学に入るころにまとまったお金を渡してやりたいと思っています。

　また、息子（38歳）も一人いて、遺産相続では兄妹で円満に相続できるかわかりません。孫が大学に入学する年齢になるころには、自分は90歳を超えています。死亡しているか、もし生存していたとしても認知症になって自分のお金が自由に引き出せないとなったら、その意思もかないません。どのような対処法があるでしょうか？

●どうなる？　どうする？

1.認知症になった場合

　判断能力が十分でないとみなされて、**成年後見人**が就くことがあります。成年後見人の主な役目は、当事者（この場合はAさん）の入居施設などの支払い、役所の手続きやその他の契約などを行うことです。しかし、成年後見人の目的は「本人の保護・財産の保全」にありますので、お孫さんのための大きなお金を支出するということは難しくなります。成年後見は、あくまでも本人（この場合はAさん）のための制度です。

　また、成年後見人が専門家（弁護士や司法書士など）であったりすると、後見人の申し立て費用のほかに、家庭裁判所が決めた毎月の報酬を

本人の財産から払わなければなりません。おおまかな目安として、例えば、月額 2 万円だとしても 2 万円 × 12 カ月 = 24 万円、5 年継続すれば 120 万円かかります。家族が任意後見人になったとしても、**任意後見監督人**が裁判所から選任されて、監督下に置かれます。やはり報酬を支払わなければなりません。

2.遺言書で孫にお金を残す場合

　遺産総額に占める孫へ残すお金の割合が重要となります。息子さんの**遺留分**を侵害すると、A さんの遺言書通りに実行できなくなる可能性もあります。以下の例を見てみましょう。

　この場合、長男の遺留分は 1 億円 × 1/2 × 1/2 = 2,500 万円となります。残余財産で遺留分は足りています。では、遺産総額が 5,000 万円の場合ではどうなるでしょうか。

　これでは残余財産が遺留分に満たないので、A さんの意思通りにはなりません。長男が遺留分を放棄してくれるかは予測不能です。さらには、孫が小さかったりすると、そのお金は親権者（娘）に管理されるので、孫のために使われるかどうかはわかりません。これは遺言の弱点です。

3.教育資金贈与（贈与税の特例）を行う場合

　子や孫のために教育資金として信託銀行に預けて**生前贈与**すると、1,500万円までは贈与税がかかりません。いま現在、手元にあるお金を渡すことができます。しかし、これにはいくつか注意点があります。

①教育資金以外にお金を使うことができない

　学校などに支払った領収書を信託銀行に提出します。普段の生活費やお小遣いには使えません。

②時限立法である

　現行、2023（令和5）年3月31日までとなっています。

③30歳までに使い切らないと、残額は贈与税の対象となる

※このほかにも、いろいろと制限があります。

■教育資金贈与の仕組み

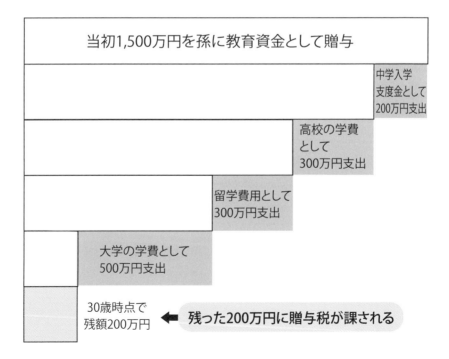

当初1,500万円を孫に教育資金として贈与

中学入学
支度金として
200万円支出

高校の学費
として
300万円支出

留学費用として
300万円支出

大学の学費として
500万円支出

30歳時点で
残額200万円　← 残った200万円に贈与税が課される

4.家族信託を行った場合

以下のように、信託を設定します。

委託者	A（本人）
受託者	娘
受益者	A：Aの死亡後は孫
信託財産	金銭1,000万円
信託財産の給付	孫が大学入学時に500万円、 その後1年ごとに100万円
信託終了事由	①または②のいずれか早いときまで ①孫が30歳になったとき ②信託財産の残高がゼロとなったとき
残余財産の帰属	孫

●課税関係

①信託設定時

信託設定時は（委託者＝受益者）なので税金は発生しません。

②信託の給付が始まったら

入学時に教育費として使われれば贈与税はかかりません。なぜなら、扶養義務者が教育費として負担した場合は、贈与税の対象とされないからです。またその後の信託財産の給付については、教育資金として使わなければならないという制約もありませんし、贈与税の対象にもなりません（贈与税の基礎控除額110万円以下なので）。

③Aさんが亡くなり相続が発生したとき

Aさんから遺贈により金銭を取得したものとみなして、孫に相続税がかかります。このとき娘さんが存命であれば、孫は**2割加算***の対象となります。ただし息子さんの**遺留分**の問題がありますので、別途遺言などで対応するか、お孫さんへ渡す金銭の額を再検討する必要があります。

＊相続税額の2割加算とは、被相続人の一親等の血族や配偶者でない場合に、その者の相続税額に2割が加算される。

活用事例② 不動産の共有トラブルを避けるためには

相続財産のうち預貯金が多ければ、相続人間で分割が簡単です。
しかし不動産物件が1棟のみの場合は、いろいろと面倒です。

家族信託で共有名義のリスクを回避する

【事例】

私（Aさん：80歳）が所有している財産は、賃貸用のマンション（評価額6,000万円：小規模宅地等の特例適用後）と少額の預貯金（400万円）だけです。

妻（75歳）は存命で、娘が2人います。私の死亡後は、妻に財産をすべて残し、妻の生活を安定させ、妻の死亡後は娘2人で財産を分ければよいと考えています。妻に全財産を残すことについては、娘2人も同意しています。しかし妻が亡くなった後、不動産を共有名義にすると、何かと揉め事が多いと聞きます。

どのような対処法があるでしょうか？

●どうなる？　どうする？

1.Aさんの現在の思い通りにした場合

①Aさん死亡時

Aさんの財産

Aさん

賃貸マンション
評価額6,000万円

預貯金
400万円

妻B

妻がすべて
取得する　➡

1億6,000万円までは相続税がかからない
その後も、家賃収入が妻にすべて入るので
生活に困らない

②妻死亡時

　娘２人で相続財産を分割する（財産評価額は変わらないと仮定）。この分割案だと、相続税額は一人当たり115万円の相続税額となります。

Aさん
取得相続財産額：マンションは共有とする

娘C
3,200万円

娘D
3,200万円

> （6,400万円－基礎控除額4,200万円）　　＝2,200万円
> 2,200万円×1/2　　　　　　　　　　　　＝1,100万円
> 1,100万円×15％－50万円　　　　　　　＝115万円

　しかし問題はAさんが懸念するように、税金だけではありません。不動産を共有名義にすると、双方の合意がなければ修繕も家賃の値上げも、建て替えも、売却することもできなくなります。

２.遺言を作成する場合

　Aさんが遺言で、Aさんの死亡時（**一次相続**）に妻に全財産を残すことはできます。しかしAさんの妻（B）の死亡時（**二次相続**）については、Aさんの意思を反映した遺言を作成することはできません。

　また、Aさんは妻の生活の安定を願っていますが、妻も高齢であり先々介護が必要となったり、認知症になったりする恐れもあります。遺言だけでは、これらの心配事をフォローすることができません。

３.家族信託にした場合

　次ページのように、信託を設定します。

委託者	A（本人）
受託者	娘のうち一人（Cと仮定する）
受益者	A Aの死亡後は妻B 妻の死亡後は娘CとDで均等割合とする
信託財産	賃貸マンション
信託終了事由	Bの死亡後、かつ受託者Cがマンション を譲渡したとき
残余財産の帰属	CとDに均等割合で帰属する

①受益者の変更について

　受益者が続くので、**受益者連続型信託**となります。信託の設定時に受益者の死亡を理由とする受益者変更事由を定めておけば、将来の受益者を自分で指定することができます。受益者の死亡以外にも、受益者変更事由を定めることができます。

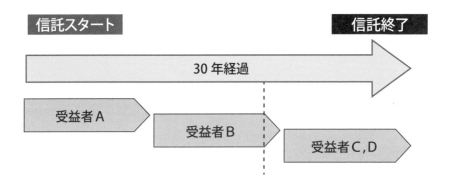

　受益権の承継回数には制限はありませんが、信託開始から30年経過後に、新たに受益権を取得した受益者が死亡した時点で信託は終了します。
　B死亡後に受益者はCとDの2人になります。

②受託者について

　共有名義を避けるために受託者をＣ１人に定めておきます。今回の場合は、Ａさんの近所に住んでいる子、または面倒見のいい子や不動産管理の仕事をきちんとしてくれそうな子を受託者として定めておけばよいでしょう。こうすることで、Ｃ１人で修繕や売却などの不動産に関する決め事を行うことができます。

③信託終了事由

　Ｂの生存中はマンションを売却できません。そしてＢ死亡後、かつＣがマンションの譲渡をしたときに信託は終了となります。

④残余財産の帰属について

　③の信託終了事由に該当するとマンションを譲渡して、その売却金をＣとＤで均等に分けることも可能となります。つまり、信託終了前は、マンションについて決定を下せるのはＣ１人だけということです。

⑤課税関係

a.信託設定時

　委託者Ａさんが受益者でもあるので、課税関係は生じません。

b.Ａさん死亡時

　妻Ｂさんが信託財産については遺贈により取得したものとみなして、Ａさんの他の財産と合わせて相続税の申告をします。

c.妻Ｂさん死亡時

　娘ＣさんとＤさんが賃貸マンションを遺贈により取得したものとみなして、妻Ｂさんの他の財産と合わせて相続税の申告をします。

d.マンション売却時

　売却利益をＣとＤで均等に分配します。分配後の収入から譲渡費用などを差し引いた後の譲渡所得を、２人それぞれが申告します。

e.その他

　それぞれの場合に応じて不動産取得税、登録免許税、固定資産税などがかかります。信託された賃貸マンションの収入については、受益者である者が所得税の申告をする必要があります。

高齢化が進み一人暮らしの人が増加しています。生前に何かできることはないでしょうか?

姪夫婦に財産を譲りたい

【事例】

Aさん(女性85歳)は夫に先立たれ、子供もなく、現在一人暮らしです。幸い、近くに住む姪(Bさん)夫婦が何かと力になってくれています。この姪夫婦以外にも甥や兄弟がいますが、遠方であるため疎遠な関係です。

Aさんが亡くなるまで、姪夫婦に面倒を見てもらうとともに、財産をすべて残すことを家族信託の活用によってできるでしょうか?

Aさんの財産

| Aさん | 自宅
評価額1億円 | 預貯金
5,000万円 |

合計1億5,000万円 ※特例は考慮に入れない

●どうなる? どうする?

1.普通に相続があった場合

Aさんの**法定相続人**は、兄Dと**代襲相続人**の甥Eと姪Bの3人が該当します。法定相続割合は兄Dと甥E、姪Bで3分の1ずつとなります。この割合で財産を相続したとすると、相続税額は以下のようになります。

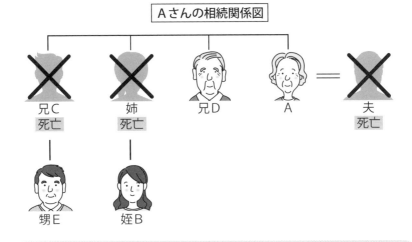

Aさんの相続関係図

兄C 死亡　姉 死亡　兄D　A　＝　夫 死亡

甥E　姪B

（遺産額1億5,000万円－基礎控除額4,800万円）×1/3 ＝3,400万円

一人当たりの税額　3,400万円×20％－200万円 ＝480万円

480万円×1.2倍 ＝576万円

※兄弟姉妹や甥姪の場合は、相続税額の2割加算の対象となる。

　税負担は等分になるわけで、ずっとAさんの面倒を見てきた姪のBさんの立場からすると、納得のいかない数字なのではないでしょうか。また、これではAさんの気持ちも伝わらないと思われます。しかし、**遺産分割協議**の場でほかの相続人たちが、姪のBさんに多めに相続するという配慮をしてくれるとは限りません。

　また、この事例では相続人は3人ですが、相続人がもっと多いケースも実際にはあるでしょう。そうすると、遺産分割協議がスムーズに進まないことも考えられます。登場人物が多くなると、話をまとめるのが難しくなります。

2.遺言書を残す

　Aさんが亡くなった後は、「全財産を姪のBさんに残す」という遺言書を書きます。兄弟姉妹やその代襲相続人である甥姪には、**遺留分**とい

うものがありません。ですから、財産はすべてBさんに残せます。

　しかしこの方法だと、Aさんが生存中に認知症になったり、介護が必要となったりして判断能力が衰えたりした場合、自宅の修繕やさまざまな契約、お金の管理などはできません。通常のお世話の範囲内でできることには限りがあります。

3.家族信託にする

　信託を以下のように設定します。

委託者	A
受託者	姪B
受益者	A
信託財産	Aの自宅と金銭5,000万円
信託終了事由	Aの死亡
残余財産の帰属	B

①課税関係

　委託者＝受益者なので課税はありません。

②信託終了時

　Bさんが、Aさんから**遺贈**により財産を取得したものとみなされ、**相続税**がかかりますし、**2割加算**の対象となります。なお相続人なので、登録免許税、不動産取得税は軽減対象となります。

③問題点

　信託時の財産については、姪のBさんに管理してもらい、最終的に財産はBさんに渡ることとなります。しかしAさんはまだ健在で、生存中に自分で使える現金も必要ですし、年金暮らしなので年金も少しずつ貯まっていきます。つまり、信託財産以外の財産をどうするかということです。この対応としては、遺言書を活用するとよいでしょう。

4.家族信託と遺言書を併用する

　信託財産以外の財産は、家族信託とは関係なく、**遺産分割協議**の対象となってしまいます。ですから、すべてを姪のＢさんに残したいと思うのであれば、家族信託とは別に「Ｂさんに全財産を残す」とする遺言書を作成すべきでしょう。

5.家族信託と遺言書の併用ではどちらが優先？

　家族信託は生存中に行うもので、遺言書は亡くなってから効力が発生するものです。信託すると財産の名義は受託者に変わるので、その財産は形式的には自分の財産ではありません。遺言書でその財産を誰かに渡すという指定はできないのです。ですから、遺言書より家族信託が優先されます。

信託財産	生存中に増加した財産
	信託財産以外の財産

すでに信託契約を定めてある　　　ここの部分は遺言書で対応する

家族信託ミニ知識　Q & A

Q.信託事務のための費用はどこから払うのですか？

A.原則として、必要なときに必要な額だけを信託財産から支払います。ただし、実務的にはなかなか難しいので、受託者が立替払いをしたり、先に前払いを受けたりして、後から清算することも認められています。

　後々、揉め事にならないよう、最初にきちんと取り決めておくことが大事です。

【コラム】
信頼できる専門家の選び方

●信頼できる専門家に共通する要素とは？

　弁護士や税理士、司法書士、行政書士などの専門家をどのように選べばよいのか。ここでは筆者の経験にもとづいた私見ではありますが、信頼できる専門家を見分ける方法について考えてみたいと思います。

　一般の人が専門家の仕事内容を理解することは困難ですが、顧客に対して誠実に対応する士業の先生は、優秀で信頼できる専門家である可能性が高いです。

　誠実に対応しているか否かは、次の3つの要素が判断材料になります。

①顧客の話をきちんと聞き、約束を守る

　専門家の仕事は顧客の話をしっかり聞くことが第一です。顧客の話を聞かずに自分の主張ばかりするご仁は要注意です。また、当たり前のことですが、まったく連絡がつかない、約束の日時や期限を守れない専門家は、そもそも社会人として問題ありでしょう。

②仕事に対して謙虚である

　一般的に専門家は自分の専門分野以外のことに関しては、あまり詳しくないのが実情です。例えば、司法書士は登記のことに精通していても、税金については詳しくありません。大きな事故を防ぐため、自分の専門外の分野については率直に門外漢であることを認め、他の専門家と真摯に連携する姿勢こそが誠実な対応といえます。

③報酬基準を明示する

　残念ながら報酬を巡り顧客と揉める専門家が少なからずいます。こうしたトラブルを避けるためにも、事前に報酬基準を明示してくれる人に仕事を頼みたいものです。「これくらいの金額になりますけど」と、概算でも具体的な金額を提示してくれる専門家を選びましょう。あとになって、高額な請求をされても困りますからね。

第4章

家族信託の進め方

―スタートから終了まで―

01 家族信託のスケジュール

相談開始から目的達成による終了まで、契約による家族信託について一連の手続きの流れを確認しましょう。

1. 専門家との相談

弁護士や司法書士などの専門家に相談しつつ、信託の目的を確実に実現できる信託設計を考えていきます。

弁護士

司法書士

行政書士

税理士

2. 契約書作成

委託者と受託者の間で信託契約を締結します。後日の紛争防止のため、公証役場で手続きを行うことが肝要です。

公証役場

3. 信託契約の効力発生

　通常は、信託契約を締結した段階で信託契約の効力が発生します。

　効力発生の始期や条件が定められている場合は、始期が到来したとき、または条件が成就したときに信託契約の効力が発生します。

4. 財産管理体制の確立

　信託法上、受託者は信託財産を受託者の財産と分けて管理しなければなりません。これを**分別管理義務**といいます。

　例えば、金銭が信託財産の場合、受託者は自分の金銭と混同しないように管理を行う必要があります。帳簿等で計算をすることにより管理することも可能ですが、一般的には信託財産管理用の専用口座をつくって金銭の管理を行います。

　不動産は信託された旨を登記します。自動車等の登録ができる財産については、信託された旨の登録をする必要があります。

分けて管理する

自分用の口座

信託財産専用口座

5. 信託財産の管理・処分の遂行

　受託者は、信託契約の内容に基づき信託財産の管理・処分の事務を遂行します。

　受益者に毎月一定金額を交付する必要がある場合はそれを交付します。例えばアパートの管理を託されている場合には、入居者との賃貸借契約を締結したり、必要な修繕などを行います。

　契約内容によっては、アパートの売却や建て替えを行うこともあり得ます。

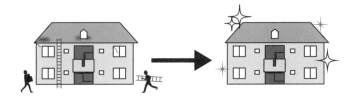

6. 定期的な報告義務

　信託法の定めにより、受託者は毎年一回、一定の時期に貸借対照表、損益計算書等の書類を作成し、その内容を受益者に報告する義務があります。

7. 家族信託の終了

　家族信託は信託目的を達成したときに終了します。そのほか、契約で定めた事由や信託法上定められた事由が発生した場合にも家族信託は終了します。

　もっとも、法律上、清算事務が結了するまで家族信託は存続するものとみなされます。

8. 清算事務

　信託が終了すると、清算受託者が清算事務を行います。残った債権の取り立てや借金の支払いなどを行います。

　残余財産を帰属権利者などに引き継ぎます。

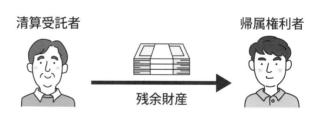

清算受託者　　　　　　　　　　　　　　帰属権利者

残余財産

9. 清算事務の結了

　清算事務が結了すると、家族信託は完全に終了します。

財産を託す目的を決めよう

信託目的の決定は家族信託の出発点

　家族信託を始める場合に、まず**信託目的**を決定する必要があります。この作業は漠然としていて一見難しいようにも思えますが、実はそんなに難しいことではありません。なぜなら、家族信託を検討されている人は、必ず家族信託によって実現したい目的を持っており、その目的を信託目的とすればよいからです。

　目的をどのように文章化するかという問題はあるものの、家族信託を検討する段階で自動的に信託目的は決まっていることが多いものです。

信託目的は明確でわかりやすく！

　家族信託では、受託者が信託目的を実現するために信託財産の管理・処分を行います。信託目的に反する行為は禁じられるため、信託目的は受託者の行動指針となります。受託者にしっかり任務を遂行させ、信託目的を実現するためには、目的はできるだけわかりやすく、かつ明確に設定する必要があります。

　また、先述のように、信託目的は家族信託の制度設計を行う上での指針にもなります。受託者や受益者、信託財産、信託の終了事由などは、すべて信託目的を実現する観点から決定されるからです。

信託目的の文章化

　信託目的は、契約書に記載する必要があります。信託目的を契約書の条項として文章化する際には、やはり、わかりやすく明確に記載する必

要があります。特に表現方法に決まりがあるわけではありませんが、一般的には次の信託目的例のように定めます。

■信託目的例

信託目的	契約書の条項例
高齢者の財産管理の負担を軽減し、高齢者が安心して暮らせるようにする	本信託は、委託者の主な財産を受託者が管理または処分等することにより、委託者の財産管理の負担を軽減するとともに、委託者が従前と変わらぬ快適な生活を送れるようにすることを目的とする。
高齢者の財産管理の負担を軽減し、高齢者が所有する不動産を有効活用して経済的利益を生じさせる	本信託は、委託者の金銭及び不動産の一部を受託者が管理または処分等することにより、委託者の財産管理の負担を軽減するとともに、委託者の不動産を信託財産として有効活用することにより経済的な利益を生じさせることを目的とする。
会社の株式を後継者に承継させつつ、従前の代表取締役が引き続き経営を行い、会社の安定した経営を確保しながら後継者を育てる	本信託は、委託者の株式会社○○の株式を受託者が管理その他本信託目的達成のために必要な行為を行うことにより、株式会社○○の安定した経営を確保し、株式会社○○の後継者育成を支援し、株式会社○○の株式を後継者に円滑に承継させることを目的とする。
飼主の死亡後、ペットAの快適な暮らしを守る	本信託は、委託者の金銭を受託者が管理または処分等することにより、ペットAの将来の飼育費用を保全し、ペットAが終生適切な環境で飼育されるように、ペットAを飼育する者に対し、飼育費用等を給付することを目的とする。

預ける財産を決定しよう

家族信託では、信託できる財産と信託できない財産が存在します。
両者の違いを確認しておきましょう。

信託財産の決定

　信託目的が定まったら、**信託財産**を決定します。

　信託財産は、信託目的の実現や受託者の能力を考慮して決定します。
異なる受託者ごとに信託財産を分けて信託することも可能です。信託目
的の実現に向けて適切な信託財産を選ぶことが求められます。

信託できる財産と信託できない財産

　信託財産については、法律上特に制限はありません。財産的価値のあ
るものであれば、基本的に信託財産とすることができます。金銭、不動産、
非上場株式などは当然に信託財産とすることができます。借金などの債
務は信託財産とすることはできません。

　また、財産的価値があっても、現実的に信託財産とすることができな
い財産も存在します。例えば、預貯金は原則として信託財産とすること
はできません。預貯金は、法律上は「**預貯金債権**」という債権に該当し
ます。通常、金融機関では規定や約款に預貯金債権の譲渡禁止特約が定
められています。預貯金を信託財産とすることは預貯金債権の譲渡にあ
たるため、信託財産とすることができないのです。もっとも、預貯金を
引き出し、**現金**として信託財産とすることは可能です。

　上場株式の信託も困難です。株式を預託する証券会社が家族信託に対
応していないことが多く、株主名簿の名義変更ができないためです。

　第三者の了承や許可が必要になる場合もあります。例えば、ローンが
残っている担保付きの不動産を信託財産にする場合には、必ず事前に金

融機関へ相談することが必要です。不動産を信託財産とした場合、登記簿上の所有者名義が受託者に変わります。銀行から借入れを行う場合、担保不動産の所有者名義を変える際には銀行の承諾が必要とされている場合がほとんどです。銀行に相談なく名義書き換えを行うと、残債務の一括返済を要求される可能性が生じます。

このように信託財産を決定する際には、信託財産とすることの可否を慎重に判断する必要があります。

信託財産にできるものとできないもの

信託財産にできるもの	信託財産にできないもの
・現金	・預貯金（例外あり）
・不動産（担保付きの不動産は要注意）	・上場株式（例外あり）
・自動車	・借金
・非上場株式	・年金受給権
・債権	・生活保護受給権
・農地（農地法上の許可が必要）	

信託財産の追加も可能

家族信託を開始した後でも、信託財産を追加することができます（137ページ参照）。

信託財産の追加は契約の変更にあたるため、委託者、受託者、受益者の三者が合意する必要があります。三者の合意を得て契約内容を変更するには時間を要するため、家族信託契約書にあらかじめ信託財産の追加を認める条項を設けておくとスムーズに事が運びます。

第○条（追加の信託）
　委託者は、受託者の同意を得て、金銭を本信託に追加することができる。

受託者、受益者を決めよう

信託目的の実現を担う受託者、利益を享受する受益者、それぞれについて基本的なことを確認しておきましょう。

受託者を決定する基準

　受託者は信託目的を実現するため、信託財産の管理・処分を行います。信託目的の実現は受託者の手腕にかかっているといっても過言ではないため、受託者の選任は慎重に行う必要があります。家族信託では多くの場合、信頼できる家族や友人を受託者とすることになります。

　家族信託では、当初の受託者が死亡するなど、一定の事由により任務を遂行できなくなったときに備えて、第二、第三の受託者（**後継受託者**）を定めておくことも可能です。受託者が欠けたことによって信託が中断し、受益者が不利益を受けることがないよう、後継受託者も決めておくのがベターです。

弁護士等の専門家は受託者になれない

　実務の現場では、「弁護士や司法書士などの専門家を受託者にしたい」と多くの方から相談を受けます。しかし、信託業法の規定により、専門家は原則として受託者になることはできません。

　もっとも、専門家は受託者を監督する**信託監督人**や受益者に代わって権利を行使する**受益者代理人**に就任することは可能ですので、信頼する専門家がいる場合には、信託監督人や受益者代理人としてかかわってもらうのがよいかもしれません（42ページ参照）。

自分で自分に管理を託す自己信託とは？

　家族信託では、一定の方式を満たすことにより、委託者が自分自身を

受託者とすることもできます。これを**自己信託**といいます。自己信託では、委託者兼受託者が受益者のために信託財産の管理処分を行うことになります。自己信託の例としては、株式会社の経営者が経営権を自分に残しつつ、株式を後継者に取得させる場合などがあげられます。

> **用語解説**
>
> **自己信託（じこしんたく）**
>
> 　委託者自身が受託者となり、受益者のために信託財産の管理・処分を行うもの。公正証書で行うなど、法定の方式で行う必要がある。

受益者の資格

　受益者とは、信託財産から生じた利益を得る人をいいます。自然人のほか、法人も受益者となることができます。委託者自身が受益者となることも可能です。これは**自益信託**と呼ばれます。ちなみに、委託者以外の人が受益者となるものを**他益信託**といいます。

　家族信託を開始する場合、契約で受益者を指定するだけでよく、受益者の承諾は必要とされません。贈与などの契約と異なり、受益者の意思表示が不要なため、認知症になった高齢者や幼児であっても、受益者となることができます。また、受益者は複数でもよく、契約段階で受益者が存在している必要もありません。将来生まれてくる子孫を受益者とすることも可能です。

複数世代間の財産承継が可能

　家族信託では、複数世代にわたって信託財産を承継することもできます。これは**後継ぎ遺贈型受益者連続信託**というもので、受益権の承継先を「当初の受益者が死亡した場合に第二の受益者に、第二の受益者が死亡した場合に第三の受益者に」と契約で定めておくことにより、複数世代にわたる信託財産の承継を可能にする方策です。

契約書を作成しよう

信託目的と信託財産、そして当事者が決まったら、いよいよ契約書の作成になります。

家族信託の契約書は公正証書で作成する

信託契約書は法律上、委託者と受託者を同じ人が兼ねる**自己信託**（信託宣言）の場合を除いては、**公正証書**にする必要はありません。

しかし、その契約期間が一定程度長期にわたる重要な契約であること、実務上、信託財産に不動産を含む場合に登記を担当する司法書士や、口座開設を行う金融機関が公正証書を好むことなどを勘案すると、家族信託の契約書は公正証書にしておく方が何かと安心です。

公正証書は公証役場で作成する

公正証書とは、**公証人**がその権限で作成する公文書です。公正な第三者である公証人が、その権限に基づいて作成するので、当事者の自由な意思に基づいて作成された文書であるという強い推定が働きます。

そのため、その文書の内容や成否を争う場合には、争う相手方が虚偽であるなどの反証をしない限りこの推定は破れず、法的安定性が高いとされています。

家族信託契約書を公正証書として作成するためには、まず委託者・受託者が信託契約書の案文※を作成し、それを公証役場に持ち込みます。そして公証人の確認を受けて、修正の必要があれば修正をし、完成まで何度かこれを繰り返します。

契約書が完成したら、日程を調整して当事者が契約書に署名押印し、公証人が公証して完成となります。

※下書きの文章のこと。

公正証書の作成には公証人手数料が必要

　公証人に公正証書を作成してもらう場合、**公証人手数料**が必要です。この公証人手数料は、国が定めるもので全国一律で、原則として現金で支払います。家族信託契約についての公正証書の手数料は、信託財産の価額によって変わります。また、これ以外に、用紙代・旅費・日当などが必要になる場合もあります。

公証人手数料

※58ページと同じ図表

信託財産の価額	公証人手数料
100万円以下	5,000円
100万円を超え200万円以下	7,000円
200万円を超え500万円以下	1万1,000円
500万円を超え1,000万円以下	1万7,000円
1,000万円を超え3,000万円以下	2万3,000円
3,000万円を超え5,000万円以下	2万9,000円
5,000万円を超え1億円以下	4万3,000円
1億円を超え3億円以下	4万3,000円に超過額5,000万円までごとに1万3,000円を加算した額
3億円を超え10億円以下	9万5,000円に超過額5,000万円までごとに1万1,000円を加算した額
10億円を超える場合	24万9,000円に超過額5,000万円までごとに8,000円を加算した額

法律行為に係る証書作成の手数料（公証人手数料令第9条別表）

家族信託の専門家の利用を

　契約書の作成には、信託法の理解が欠かせません。加えて、信託に関する税金の問題や、遺留分などへの配慮、信託終了時の財産の帰属など、複雑な問題も多くあります。公証役場との調整も含め、信頼できる専門家に任せた方が安心です。

06

登記や預金口座の開設をしよう

家族信託の契約手続きが完了したら、受託者による信託財産の管理が始まります。不動産と預貯金の管理が特に重要です。

不動産を信託する際は登記が必要

　信託財産に不動産が含まれている場合、委託者と受託者とで家族信託契約を結んだ後、委託者から受託者に不動産の所有者を変更する**所有権移転登記**と**信託の登記**を行う必要があります。

　これにより、不動産の形式上の所有者が財産管理を行う受託者に変更になったことが登記簿（登記記録）に記載され公示されます。

信託登記に伴い信託目録が作成される

　信託登記を行う際に、**信託目録**という信託の内容を記載したものが作成されます。この信託目録には、委託者、受託者、受益者など信託に関係する当事者や、信託目的や終了事由など信託契約の重要な部分の内容が記載されます。

　不動産の名義が、形式的でも委託者から受託者に変わってしまうことを心配される人もいるようですが、受託者はあくまで形式的な所有者にすぎず、信託目録を見れば、信託財産に権利のある実質的な所有者は受益者であることがわかるので、安心していいと思います。

登記に関する費用

　これらの登記を申請する際には、**登録免許税**を納める必要があり、税額は不動産の価額の0.4％（土地は0.3％）です。例えば、固定資産税評価証明書に記載されている建物の評価額が1,000万円の場合は４万円（土地は３万円）を収入印紙で納めます。これに加えて、登記手続を司法書士

に依頼した場合には、その報酬も必要です。

金銭管理のための信託口口座を開設する

　金銭を信託する場合には、委託者と受託者とで家族信託契約を結んだ後、受託者が信託財産を管理するための口座（**信託口口座**）を開設し、その口座に委託者から預かる金銭を入金します。預貯金口座は一般的に譲渡禁止特約が付いており名義を変更できないため、委託者の預貯金口座そのものを信託することはできません。

　そして信託口口座ですが、これは口座名義が屋号付き口座と同様に「**委託者○○○○信託口受託者△△△△**」となっていればいいという単純なものではありません。

　その口座が受託者の死亡時に凍結されてしまったり、受託者個人の債権者からの差し押さえの対象になってしまったりすることなく、受託者の固有財産ではない信託財産として、金融機関に取り扱ってもらえる口座である必要があります。

　そのような口座を開設してくれる金融機関はまだそれほど多くありませんし、支店ごとに取り扱いも異なる場合もあるようなので、あらかじめ金融機関に確認しておくことをおすすめします。家族信託を取り扱っている専門家であれば、通常これらの情報を持っているので、相談する際に聞いてみるとよいでしょう。

税務署への法定調書の提出手続

　家族信託の効力が生じたら、受託者はその月の翌月末日までに、信託財産の種類・所在場所・価額などを記載した、**信託に関する受益者別（委託者別）調書**と**合計表**を税務署に提出する必要があります。

　ただし、委託者と受益者が同じ自益信託の場合と、受益者別に計算した信託財産の相続税評価額が50万円以下の場合は不要です。

07

家族信託の1年

いよいよ家族信託が動き始め、日々の財産管理が始まります。ここでは、日々の管理と定期的な仕事について見ておきます。

受託者による日々の財産管理

家族信託がスタートしたら、受託者は、信託目的をはじめ信託契約の内容に従って、不動産や金銭など信託財産の管理を行います。

■帳簿の作成

受託者には帳簿作成の義務がありますが、自宅不動産と金銭のみを信託財産とする家族信託であれば、通帳記帳と金銭出納帳をつける程度でよいでしょう。賃貸物件の管理や資産の投資・運用などを行う場合には、それまで委託者が行っていたのと同じレベルの帳簿をつくることになります。

なお、信託に関する取引の領収証や契約関係書類などについては、法律上**10年間**の保存義務があるので注意してください。

■自宅の管理

自宅不動産を信託財産とした場合、**固定資産税**の通知は、次年度分以降は受託者に送られてきますので、信託された金銭から税金を支払います。もし、地震保険や火災保険などの契約を受託者に変更している場合には、税金と同様、信託された金銭から支払うことになります。

それに加えて、自宅不動産を適切に管理するために必要な修繕や植木の手入れ、草むしりなども、必要に応じて受託者もしくは受託者が処理を依頼した業者により行います。

■賃貸物件の管理

賃貸物件を信託財産とした場合、信託契約の内容に従って、物件の管

理はもちろん、賃貸借契約や賃料の受取りなど、必要な事務は受託者が行います。管理について管理会社に委託する場合には、管理会社とのやり取りも受託者が行うことになります。賃貸物件についての帳簿作成については、税理士に相談した上で行った方がよいでしょう。

受託者が毎年行う業務

■財産状況開示資料の作成と受益者への報告

　受託者は、日々の信託帳簿の作成に加え、毎年、家族信託契約で定めた時期に、財産状況開示資料を作成する必要があります。財産状況開示資料として作成する書類は、信託の内容によって異なります。

　自宅不動産と金銭の管理のみを目的とするような家族信託であれば、**財産目録**の作成くらいでいいのですが、不動産の賃貸や資産の運用を目的とする信託では、**貸借対照表**や**損益計算書**などの作成も必要です。

　これらの書類の作成が完了したら、信託事務処理の状況と合わせて、受益者に報告し、書類は信託が終了するまで保存しておきましょう。

■信託の計算書の提出

　1年間の信託財産に係る収益の合計額が3万円（計算期間が1年未満の場合には1万5千円）を超える場合には、受託者は、**信託の計算書と合計表**を税務署に提出します。この提出期限は毎年1月31日までとなっており、確定申告よりも前の時期になっているので、遅れることがないように注意が必要です。

信託財産からの所得は受益者が確定申告する

　賃貸物件を信託した場合など、信託財産から収益がある場合は、信託財産の実質的な所有者である受益者の所得となるので、受益者において確定申告が必要となります。該当する受益者は、収支内訳表など不動産所得に関する書類に加え、信託から生じる**不動産所得**に係る明細書を添付して、確定申告をします。

08

家族信託の終わり方

家族信託は、その目的を達成したときや当事者が合意したときなどに終了しますが、終了後にはどのような処理が必要なのでしょうか？

家族信託の清算手続き

　家族信託が終了したとき、それまでの受託者は**清算受託者**という役割に変わり、特別な場合を除いて、次の信託の清算に関する手続きを行います。

> **清算受託者の職務**
> ①現在の受託者としての任務の完了
> ②信託財産に関する債権の回収と債務の弁済
> ③受益債権に関する債務の弁済
> ④残余財産の給付

　つまり、信託が終了したら、受託者は清算受託者として、信託に関係して締結した契約などを終了させ、回収する債権があれば回収し、返済すべき債務があれば支払い、最後に残った財産があれば、あらかじめ定められた人に引き渡して、すべての任務が完了する、という流れになります。

　もし清算手続きを行うにあたって、残っている信託財産では信託に関する債務を返せないというような場合には、信託財産について破産手続開始の申立てをすることになります。

残った財産は誰が引き継ぐ？

　残った信託財産を**残余財産**といい、残余財産の帰属先は、法律では次の順序と定められています。

> 残余財産の帰属順位
> 第１順位　　信託行為によって定められた残余財産受益者等
> 第２順位　　委託者または委託者の相続人その他一般承継人
> 第３順位　　清算受託者

　通常は、家族信託契約の中で、信託が終了した場合の残余財産の帰属先についてしっかりと決めておくので、その内容に従い定められた人へ財産を引き渡します。

　金銭については現物を実際に引き渡して受領証などをもらえばよいのですが、不動産については、信託の開始に伴い、受託者に名義が変更されていますので、その不動産を引き継ぐ帰属権利者への名義変更（所有権移転）と信託登記の抹消の登記を申請します。

計算書の作成と承認

　残余財産の給付などが完了し、清算受託者がその職務を終了したら、信託事務に関する最終の計算書を作成します。最終の計算書には、債権の取立てや財産の処分によって得た収入、債務の弁済や清算費用などの支出、残余財産の内訳や給付の内容などを記載することが考えられます。

　計算書を作成したら、信託が終了したときの受益者と帰属権利者の全員に承認を求めます。全員の承認を受けるか、１カ月以内に異議を述べる者がないときには、清算受託者に不正行為がない限り、清算受託者としての責任は免除されます。

信託終了時に税務署に提出するもの

　受託者は、信託が終了した際には、その翌月末日までに、信託財産の種類・所在場所・価額等を記載した調書及び合計表を税務署に提出する必要があります。ただし、残余財産がない場合、信託終了直前の受益者が残余財産の給付を受けず、帰属者とならない場合、受益者別に計算した信託財産の相続税評価額が50万円以下の場合、提出は不要です。

【コラム】
家族間での話し合いの進め方

●同意は不要だが…

　家族信託のセミナーなどで、「信託にかかわらない他の相続人の同意は必要ですか？」という質問をよくされます。法律的には、契約当事者ではない他の家族の同意は不要です（詳しくは第5章5参照）。

　しかし、家族の幸せを実現するのが家族信託の目的です。したがって、契約当事者以外の者にも、自分の希望を伝え、なぜ家族信託を利用したいのか、しっかり説明しましょう。そうしないと、受託者が孤立して受託者の仕事がやりづらくなったり、家族間で望まぬ争いが発生する原因になったりします。

●受託者の立場から

　家族信託において受託者になることが多い子供の立場としては、委託者である親の認知症や、死後の財産の承継について話し合いの機会を持つことは、意外に難しいことではないかと思われます。一般の人にとって、家族信託はなじみのない制度であり、仕組みも複雑で、なかなか理解が得られにくいのが実情でしょう。

　いずれにせよ、話し合いをする際には「親が認知症になったとき」「親が死んだ後」の話をするのではなく、親の老後の生活について各人から希望を聞くというスタンスで臨まれるのがよいかと思います。

　5年後、10年後、その後の生活の希望を聞く中で、親が認知症になってしまった場合は、成年後見制度を利用するか、資産凍結のリスクにどう対処するかなど、事前によく話し合っておく必要があります。

　そして、認知症リスクに備える方法として、家族信託の利用について検討する、契約書の作成など詳しいことは専門家に任せる、という認識を当事者間で共有することが大事です。

第5章

家族信託に関する
Q & A

Q.家族信託について専門家に相談したいのですが、弁護士や司法書士などの専門家の中でも誰に相談したらよいのでしょうか？

A.家族信託を得意とする弁護士、司法書士、行政書士、税理士に相談しましょう。

　家族信託に関する相談先としては、弁護士、司法書士、行政書士、税理士などが考えられます。もっとも、これらの士業であってもすべての人が家族信託に対応しているわけではありません。家族信託は比較的新しい制度であるため、対応している士業が少ないのが実情です。ただ、家族信託に精通している専門家であれば、資格の種類はあまり関係ないといえるでしょう。

どうやって専門家にアクセスする!?

　家族信託に詳しい専門家に依頼するとなっても、どのように探したらいいのか？

　各士業のホームページやセミナーなどで専門家を探すことも一つの方法です。司法書士会などの各士業団体に相談すれば専門家を紹介してくれることもあるようです。

　さらに有効な手段として、紹介があげられます。自分の周りに一人でも信頼できる士業の先生はいないでしょうか？　先述のように、家族信託を扱う専門家はまだ少ないため、その人は家族信託に詳しくないかもしれません。

しかし、士業にはネットワークがあります。士業の仕事は他士業と連携して対応することも多いため、自然と士業間のネットワークが形成されていくものです。ですので、最初に相談した士業の人が家族信託を扱っていない場合でも、頼りになる士業の先生を紹介してくれる可能性が高いといえます。自分が信頼する人が推薦する専門家であれば、きっとその人は信頼に足る優秀な人物であるに違いありません。

家族信託を取り扱う専門家

弁護士	司法書士	税理士	行政書士
法律事務のスペシャリスト。弁護士資格は、法律系国家資格の中でも最高峰に位置する。	登記及び供託の代理、裁判所に提出する書類の作成などが主な業務。	税務のスペシャリスト。税務代理や税務書類の作成、税務相談などが主な業務。	官公庁への提出書類及び権利義務・事実証明に関する書類の作成、提出代行などが主な業務。

【参考】　8士業とは？

　士業のうち、戸籍・住民票などについて、職務上必要な場合において行う請求権が認められているものを「8士業」と呼ばれることがある。①弁護士、②司法書士、③土地家屋調査士、④税理士、⑤弁理士、⑥社会保険労務士、⑦行政書士、⑧海事代理士の8つ。

士業間にはネットワークがある

Q.銀行で遺言信託を行うように勧められました。遺言信託と家族信託は違うものなのでしょうか？

A.遺言信託と家族信託は、まったく別のものです。

　銀行が提供している遺言信託とは、

①遺言書作成のサポート

②遺言書の保管

③遺言の執行

を銀行が行うサービスのことです。

　遺言信託は、法律上の「**信託**」にはあたらず、家族信託とは全然別なものであると思ってください。

信託銀行で行う家族信託

　家族信託は**信託銀行**でなければできないと思っている人がよくいますが、家族信託を行う際に信託銀行の関与は必須ではありません。ただ、信用力のある信託銀行を受託者とする信託は、委託者や受益者に安心感を与えるのは確かです。

　しかし、信託銀行の利用には注意が必要です。信託銀行では、原則として不動産など金銭以外の財産を信託財産とすることができません。また、家族信託の制度設計もあらかじめ用意された商品内容に合わせる必要があり、自分の信託目的に沿った柔軟な制度設計を行うことが難しくなります。信託目的や信託財産を勘案した上で、ケースごとに信託銀行の利用が適切か否かを判断する必要があるといえそうです。

家族信託は自分でできますか？

Q.家族信託を利用したいと考えています。なるべく費用を掛けたくないのですが、自分で手続きすることは可能でしょうか？

A.一般の人が自分で手続きをすることはかなり困難です。

家族信託を開始するには、契約書や遺言書などの作成が必要になります。法律上、専門家の関与が強制されているわけではないため、ご自身で手続きを行うことは可能です。

しかしながら、家族信託の内容は非常に複雑であるため、専門家の関与なしにすべての手続きを自力で行うことは、極めて困難かつリスクが高いといえます。

家族信託はオーダーメイド

家族信託の契約書や遺言書などを作成する作業は、既存のひな型（テンプレート）を一部修正して署名・捺印をすればできるような単純なものではありません。信託目的や委託者の置かれた状況等の個別事情を踏まえ、受託者や受益者、終了事由、終了時の残余財産の帰属先などの要素を一つずつ決定するという緻密な制度設計が要求されます。

なぜなら、信託開始後の予期せぬ事態の発生により、途中で信託が機能しなくなってしまうことを防ぐ必要があるからです。言ってみれば、家族信託はオーダーメイドなのです。既製品を手直しするだけではできません。

04 家族信託のメリットと デメリットは？

Q.家族信託にはどのようなメリット・デメリットがあるのでしょうか？

A.家族信託の利用にはメリットが多く、デメリットはほとんどない。

　家族信託の持っている機能をうまく活用することで、信託以外の方法では実現できない、それぞれの家庭のさまざまなニーズに応じた財産管理の仕組みをつくることができる。これが家族信託の一番のメリットといえます。

相続発生時の資産凍結リスクを避けられる

　相続が発生すると、遺言があれば遺言執行者が手続きを行うまで、遺言がなければ相続人全員が合意するまでは、原則として亡くなった人の財産は凍結され、預貯金の解約や払戻しができなくなります。

　しかし、家族信託を利用して委託者または受託者が死亡しても信託が終了しないようにしておけば、相続が発生した後も、それまでどおりに受託者が継続して財産を管理することができ、資産凍結のリスクを避けられます。

認知症などによる判断能力の衰えに備えられる

　認知症などにより**判断能力**が失われると、預貯金の引き出しや定期預金の解約、不動産の売却や賃貸ができなくなります。そうなると成年後見人等による支援が始まるまでは、本人の財産を介護などの資金に使う

ことができず、生活に支障が出ることが考えられます。

　しかし、家族信託を利用して財産の管理を受託者に任せておけば、万一、認知症などにより判断能力を失っても、受託者が本人の財産を適切に介護費用等に活用することが可能になります。

成年後見の不便さを解消できる

　成年後見制度では、積極的な財産の活用や税金対策を行うことができないという限界があります。認知症などによって判断能力が衰え成年後見制度の利用が始まると、賃貸物件の管理運用、新たな生命保険の契約、生前贈与など、それまでできていたことができなくなってしまいます。

　そこで、家族信託を利用して、元気なうちに前もって、財産の管理・処分の方針となる信託目的と、財産を管理する受託者を決めておけば、万一、認知症などによって判断能力が衰えたとしても、元気なときの意思をそのままに、財産の管理・処分を行うことができます。

遺言ではできないことも実現できる

　遺言を利用して財産や事業を承継しようとする場合、自分の財産を誰に相続させるかという1回限りの財産の承継までしか、遺言に定めることができません。そのため、自分の資産を受け継いだ人が、将来、誰に財産を承継させるかわからない、というのが遺言の限界です。

　そこで、家族信託の内容として、最初の受益者に加え、その後の受益者を定めておけば、遺言では不可能な承継先の指定や、民法の相続の考え方にとらわれない柔軟な財産・事業の承継が可能になります。

不動産の共有リスクを避けられる

　相続財産に不動産が含まれている場合には、不動産を売却してその代金を相続人で分ける**換価分割**や、特定の相続人が不動産を相続し、他の相続人に代償金を支払う**代償分割**という遺産分割の方法がとられることがあります。

代償金を支払う資力のある相続人がいないため代償分割はできず、また、亡くなった人の配偶者である老親が住んでいるため換価分割もできないといった場合は、不動産を相続人の共有とする**共同相続**という方法が取られます。

不動産が共有になると、共有者全員の同意・協力がないと売却などの処分ができないので、不動産の有効活用ができず、いわゆる塩漬けになってしまうリスクがあります。

そこで、不動産の所有権を共同相続するのではなく、家族信託を利用して、不動産から生じる権利を共有化します。そうすれば、共有者としての財産的価値や権利は全員が持ちつつ、管理処分を受託者が行うことができるので、不動産の塩漬けリスクを避けることができます。

■家族信託のデメリット

家族信託は、利用する人が自由に設計できるのが特徴です。したがって関係する全員が納得する形に設計すればよいので、特にデメリットはありませんが、強いて言えば、以下のようなものがあげられます。

●信託の相談・設計ができる専門家が少ない

2007（平成19）年9月に家族信託の利用が始まってから日が浅いため、家族信託の経験が豊富にある専門家の数がそれほど多くありません。したがって、家族信託の利用を考えたときに、相談できる専門家探しに、意外に苦労する（した）という声をよく耳にします。

●始める当初にある程度のコストがかかる

家族信託を始めるにあたっては、公証人手数料・登録免許税など必ずかかる費用に加え、専門家に相談した場合のコンサルティング料や登記を依頼する司法書士の報酬など、ある程度の費用が発生します。

それでも、成年後見制度を利用した場合の第三者後見人への報酬など長期的にかかるコストに比べて、トータルではむしろ家族信託の方が割安な場合も多いと考えられます（55ページ参照）。

05 家族信託に際し、家族の同意は必要？

Q.認知症リスクに備えて、長女を受託者とする家族信託をしたいと考えています。私にはほかに２人の息子がいるのですが、長男と次男にも同意をもらう必要があるのでしょうか？

A.息子さん達の同意は必要ありません。

　家族信託契約では、財産を預ける委託者と財産を預かる受託者が契約の当事者となります。したがって、契約は委託者と受託者の合意により成立し、他の者の同意は不要です。契約書にも委託者と受託者のみが署名・押印することになります。

他の登場人物の同意も不要である

　家族信託では、委託者と受託者のほかに受益者、**信託監督人**、**受益者代理人**などのプレイヤー（登場人物）が存在します。これらの者の同意も法律上、契約成立の要件とはなっていません。

　もっとも、受益者による受益権の放棄や候補者による信託監督人、受益者代理人への就任の拒否などがされる可能性も完全には否定できないため、信託に登場する人物には事前に内容を説明し、同意を得ておいた方がベターです。

　家族信託は財産管理や相続対策を目的とするものであるため、家族の同意なく進めた場合、後日、家族間での紛争の種になってしまう危険性があります。トラブル回避を目論んで、せっかく契約を締結したのに、争いになってしまったのでは本末転倒です。

06 途中で内容を変えられる？

Q.一度スタートした家族信託。その後の家族の状況に変化があった場合などに、その内容を変更することはできるのでしょうか？

A.途中で家族信託の内容を変更することは可能。

　長期にわたって契約が続いていく家族信託では、いったんスタートした後、さまざまな状況の変化によって、その内容を変更する必要が生じることがあります。このような場合に、家族信託の内容を一切変更できないのでは、委託者の意向が実現されないだけでなく、受益者の利益を損なう恐れもあります。

　そこで、法律では原則として、委託者・受託者・受益者の合意があれば、家族信託の事後の変更が可能となっています。

　さらに、常に委託者・受託者・受益者の合意が必要だとすると、変更する度に手間も費用もかかりとても不便ですので、初めから家族信託において内容の変更について決めておけば、それに従って変更することも可能となっています。

関係者の合意による変更

　どんな小さな変更をするにも、委託者・受託者・受益者の合意が必要になるのでは、柔軟な対応が難しくなり、かえって当事者の利益を損なう恐れがあります。

　したがって、変更の内容によっては、137ページのような例外が定められています。

変更内容が信託目的に反しないことが明らか	受託者と受益者の合意で変更可能
変更内容が信託目的に反せず、かつ受益者の利益に適合することが明らか	受託者の書面による意思表示のみで変更可能
変更により受託者の利益を害しないことが明らか	委託者と受益者から受託者への意思表示のみで変更可能
変更内容が信託目的に反せず、かつ受託者の利益に適合することが明らか	受益者から受託者への意思表示のみで変更可能

信託財産を追加すること（追加信託）も可能

　信託の変更とは少し違いますが、いったんスタートした家族信託に、状況に応じて信託財産を追加する「**追加信託**」もよく行われています。

　金銭の追加信託が予定される場合には、あらかじめ家族信託契約において「金銭の追加信託ができる」旨を明記しておきます。その上で、受託者が管理している信託専用の口座に金銭を振り込めば、別に契約書を取り交わすことなく、追加信託が可能です。

　また、不動産についても追加信託することは可能ですが、不動産は価値も大きく、登記を行う必要もあるので、金銭の追加信託の場合とは異なり、追加する際にはしっかりと追加の信託契約を結ぶことが必要となります。この点は注意が必要です。

　以上見てきたように、一度スタートした家族信託であっても、家族を取り巻く状況の変化に応じて、柔軟に信託の内容を変更することが可能となっていますので、安心して始められるのではないでしょうか。

07 認知症になっても 家族信託はできるの？

Q.家族信託で母の財産を管理したいと思っています。現在、母は認知症のため施設に入っているのですが、家族信託はできますか？

A.認知症になった人は家族信託できない可能性が高い。

　家族信託は契約によりスタートします。契約をするためには、**意思能力**が必要になります。意思能力とは、自分の行動の意味を理解する判断能力のことです。意思能力がない場合には、せっかく契約をしても、その契約は効力がありません。

　認知症になると、判断能力が衰え、意思能力がなくなることがあります。最近は、認知症の人が行った贈与契約や遺言の効力を争う裁判も増加しています。契約書に署名しハンコを押しても、契約が当然に有効になるわけではないのです。

認知症の段階はさまざまである

　すべての認知症の人に意思能力がないわけではありません。認知症にはさまざまな段階があるため、本人に意思能力が認められるかどうかを周囲の一般の人が判断することは非常に困難です。

信託契約を締結するには、
当事者に意思能力が必要である

医師等の立会いの下で契約をすることもできますが、その場合でも後日、契約の有効性を巡って親族の間で争いが起こってしまう可能性を否定できません。

用語解説

意思能力（いしのうりょく）

　意思表示などの法律上の判断において自己の行為の結果を判断することができる能力（精神状態・精神能力）。認知症などが原因で本人が意思能力を有しない状態であれば、契約を締結しても、その契約は無効となる。

　家族信託を検討する多くのケースでは、大切な人の暮らしを守ることや親族間の争いを避けることを望んでいます。せっかく信託契約をしても、後日争いになってしまったのでは意味がありません。

信託は早めの備えが吉となる

　認知症への備えとして家族信託に興味・関心はあるのだけれども、「もう少し経ってから」「自分にはまだ早い」と考えている人が多いように思われます。

　すでに現在の日本は、超高齢化社会を迎えています。2025（令和7）年には、65歳以上の人口のうち、5人に1人の割合、すなわち700万人が認知症になるともいわれています（内閣府「平成29年度版高齢社会白書」より）。

　率直に言って、家族信託の契約は認知症を発症してからでは遅いのです。**判断能力**があって、元気なうちに契約を締結することが肝要だといえます。

65歳以上の5人に1人、
700万人が認知症になるかも

2025年には団塊の世代が75歳以上になる。
認知症の発症リスクは他人事ではない。

08 信託財産って、勝手に使われたりしないの？

Q.受託者が悪さをすることはないのでしょうか。もし、勝手に信託財産を使われてしまった場合はどうなりますか？

A.受託者に対し、損失てん補請求または原状回復請求が可能。

　信託法上、受託者が本来の任務を怠り信託財産に損失が生じた場合には、受益者は受託者に対して損失のてん補を求めることができます。

　また、受託者が任務を怠り信託財産に変更が生じた場合には、原状回復を求めることも認められています。さらに、受託者に業務上横領の罪が成立する可能性もあります。

受託者を信じ過ぎるのは危険

　家族信託では、親族や友人を受託者として選任するため、通常、委託者が受託者を信じ切っているものです。多くの場合、受託者が不正を働くなど想像もしていないでしょう。

　しかし、信託財産を自分の利益のために用いるなど、不正な行為を行う受託者が一定数存在することも事実です。また、悪意はなくても、ずさんな管理方法によって信託財産に損失を与えてしまう受託者も存在します。

　裁判所の監督の下に財産管理を行う成年後見人であっても、毎年一定数の不正事件が発生しているという事実もあります。

受託者を監督する制度設計が重要

　損失のてん補や原状回復を求めたところで、受託者に一定の資力がなければ無駄です。損失のてん補や原状回復ができない場合は、家族信託の継続が困難になってしまうこともあり得ます。

　そのような事態を避けるため、家族信託の制度設計を行う際には、**信託監督人**や**受益者代理人**を選任するなど、受託者の任務遂行をしっかり監督する人物がいる設計にしておくことが望まれます。

成年後見人等による不正報告件数・被害額
（平成25年〜平成30年）

不正報告件数
（単位：件）

※（　）内の数値は、専門職の内数である。
成年後見人等とは、成年後見人、保佐人、補助人、任意後見人、未成年後見人及び各監督人をいう。
厚生労働省　成年後見制度の現状（令和元年5月）より引用

09 家族信託をすれば 成年後見人は必要ない？

Q.家族信託を利用すれば、成年後見制度は必要ないのでしょうか？

A.家族信託と成年後見制度は目的が異なるので、必要に応じて組み合わせて利用しましょう。

　柔軟な財産管理を目的とする家族信託と、支援が必要な方の財産と生活を守ることを目的とする成年後見制度では、それぞれの制度の目的が大きく異なります。したがって、どちらか一方を選択するのではなく、支援が必要な方の状況や家族のニーズに合わせて、上手に組み合わせて利用しましょう。

家族信託は柔軟な財産管理のための制度

　家族信託は、成年後見制度や遺言では対応できない、多様なニーズを実現するための財産管理の手段です。成年後見制度では本人のためにしか財産を使えなくなってしまいますが、家族信託を利用することで配偶者や子供など家族のために使えるようになります。

　しかし、家族信託における受託者は、信託財産の管理・処分を行うことはできますが、委託者や受託者に代わって介護サービスの利用契約を行うことなどはできません。

成年後見制度は財産と生活を守るための制度

　成年後見制度は、認知症や障害などにより**判断能力**が十分でない人を保護し、支援するための制度です。そのため、家族信託では可能である

本人以外の家族のために財産を利用することや、投資や不動産管理など積極的な資産活用をすることはできません。

　しかし、成年後見制度における後見人等には**代理権**があるので、本人に代わって施設入居や介護サービスの利用契約など、生活環境を整える身上監護を行うことができます。

家族信託と成年後見制度の違い

	家族信託	成年後見制度	
		法定後見	任意後見
目的	財産管理	本人の保護・支援	
財産処分	信託目的に従えば自由に処分できる	家族のための利用や、積極的な活用はできない	
管理する人	自由に決められる	裁判所が選任	自由に決められる
身上監護	なし	本人に代わって医療・介護の契約が可能	

家族信託と任意後見の組み合わせがベスト

　任意後見（52〜55ページ参照）であれば、あらかじめ誰に支援してもらうかを決めておくことができるため、法定後見のように急に他人が家族の中に入ってくる心配はありません。ただし、法定後見・任意後見いずれの方法でも、家族のニーズに合わせた自由な財産管理はできません。

　したがって、財産管理については家族信託を利用して、自分の思い通りの財産管理を可能にするとともに、施設の入所契約などの身上監護については任意後見契約を家族との間で結ぶことで、本人と家族の希望にかなう、安心した暮らしが送れるようになるのではないでしょうか。

農地は信託できるの？

Q.田畑を所有しています。農地を信託財産に組み入れて、受託者に管理させることはできるのでしょうか？

A.農地を信託する場合には、農業委員会の許可等が必要となります。

　最近、農家の相続・事業承継対策において、家族信託の利用を検討されている人が増えています。しかし、農地は農地法によって保護されているため、信託をするためには農業委員会の許可等が必要となります。

　そのため、農地を信託財産とする場合には、農業委員会の許可等が得られることを条件とする、条件付の信託契約を結ぶことになります。

農地を農地として、そのまま信託したい

　農地を取得できるのは、原則として農業従事者に限られています。そのため、農地を農地として信託するためには、受託者が農業従事者である必要があります。この条件を満たしていれば、農地を農地として信託することが可能ですが、難しい場合には、農業従事者でなくても農地を取得でき、農業委員会の許可も不要な相続を待つことになります。

農業委員会の許可が必要

農地を転用した上で信託をする

　委託者があらかじめ**農地転用**の許可を得て、農地を雑種地や宅地へ転用し、地目を変更した上で信託する方法もあります。これならば、転用の手間と費用はかかりますが、農地ではなくなるため、受託者が農業従事者でなくても信託することができます。

農地転用許可の手続きについて

農地転用許可の申請

　農地を転用する場合は、農地転用許可申請書に必要な書類を添付し、転用しようとする農地の所在する市町村の農業委員会を経由して都道府県知事等に提出し、許可を受ける必要がある。

許可申請を行う者

農地法第4条：農地を転用する者
農地法第5条：転用する農地の譲渡人と譲受人（連署で申請）

農地転用許可手続きの流れ

【30a以下の農地を転用する場合】

【30aを超える農地を転用する場合】

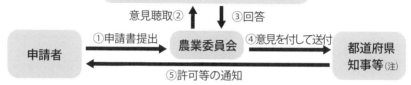

注：4 haを超える農地を転用する場合には、農林水産大臣との協議が必要

市街化区域内における農地転用の届出

　市街化区域内の農地を転用する場合は、あらかじめ農地の所在する市町村の農業委員会に必要な書類を添付して届出をする必要がある。

出典：農林水産省Webサイト「農地転用の手続」をもとに作成

11 受託者は家族でなければ いけないの？

Q. 家族信託を利用する際、受託者は家族であることが条件なのでしょうか。そのほか、受託者を選ぶにあたって注意することは？

A. 受託者は家族でなくてもよい。

　営業としてするものでない限り、一部の例外を除いて、誰でも受託者になることができます。受託者には、これまで見てきたとおり、委託者から託された財産を、受益者のために管理・処分する役割があります。したがって、信託目的や信託財産の内容に応じ、金銭管理や不動産の管理・運用・売却などの能力が必要となります。それに加え「信じて託す」のが信託ですので、委託者が十分に信頼できる人を受託者に選ぶことはいうまでもないことでしょう。

　これらの基本的な条件をクリアできれば、必ずしも家族である必要はなく、どなたでも受託者になることができます。

受託者になれる人、なれない人

「未成年者」「成年被後見人」「被保佐人」は受託者になることができません。また、個人だけでなく**一般社団法人**などの法人も受託者になることができますが、業として営利を目的として受託者になれるのは信託銀行・信託会社だけです。

一般社団法人も受託者になれる

信託の目的・内容によっては、一般社団法人を新たに設立して、その法人を受託者とすることもよく行われています。詳しくは専門家にご相談ください。

また、実務の相談業務の中で「先生に受託者になってほしい」というお話を頂くことが時折ありますが、各士業も受託者になることはできません。

士業は受託者に
なれない

家族信託を長期にわたり安定して利用するために

家族信託は長期間続いていくことが多いので、これから始める家族信託がどのくらいの期間続いていくのかを考えて、それに対応できる受託者を選ぶことが重要です。

受託者が高齢で、家族信託が続いている途中で亡くなったり、認知症で判断能力がなくなってしまったりすると、受託者を変更する必要が出てきてしまいます。

そのような場合に備え、受益者よりも若い家族を受託者にしたり、次の受託者をあらかじめ指定したりすることも有効です。また、次の受託者が決まっていない場合には、決め方だけでも定めておくと、新たな受託者がスムーズに選任され、信託が安定して運用されます。

受託者を監督する役割の人を置く

家族信託では、**信託監督人**という受託者の仕事を監督する役割の人を置くことができます。この信託監督人には、信託に関わる専門職が就任するケースが多くなっています。

年少者や判断能力の衰えた者が受益者である場合など、受益者自身が適切に受託者を監督できないと考えられるときは、受益者のために受託者を監視・監督する信託監督人を盛り込んだ信託を設計すると、より安心です。

Q.家族信託を利用する際、受託者に報酬を払う必要はあるのでしょうか？受託者の報酬について教えてください。

A.受託者は無報酬が原則ですが、契約で定めれば報酬を受けられます。

　家族信託の受託者は原則として無報酬ですが、信託契約などであらかじめ報酬について定めておけば、家族であっても信託報酬を受けることができます。

　受託者は、委託者から託された財産を管理・処分する上で、**善管注意義務**や**分別管理義務**など、さまざまな義務が課せられ、帳簿の作成・保管や受益者に対する報告なども定期的に行う必要があります。家族だからこそ無報酬という考え方ももちろんありますが、そのような負担が長期にわたることを考えると、ある程度の報酬の支払いを検討してもよいかもしれません。

報酬の定め方と報酬額

　具体的には、「受託者が受け取る信託報酬額は年〇〇万円とする」などと定めることで、その報酬は信託財産の中から支払われます。

　報酬の額は自由に定めることができ、支払期も年払いだけでなく、月払いや受託者の事務処理ごとに支払うことも可能です。

　ただし、税金対策のつもりで、受託者の業務に比べて非常に高額な報酬を設定しようとする人もいますが、場合によっては税金逃れの指摘を

受ける恐れがあります。そのようなことのないよう、金額や支払方法に注意して、報酬の額を定めるようにしてください。

なお、参考までに裁判所が公表している成年後見人等の報酬の目安をまとめておきます。

必要な費用は請求できる

受託者は、先の報酬とは別に、家族信託の事務を処理するのに必要な費用を負担した場合には、信託財産から費用の償還を受けることができます。これは報酬を定めない場合であっても受取れます。また、この費用は、必要に応じて前払いで受取ることも可能です。

参考

成年後見人等の報酬額の目安
●基本報酬

成年後見人等の報酬額の目安

管理財産額	報酬（月額）
1,000万円以下	2万円
1,000万〜5,000万円以下	3万〜4万円
5,000万円超	5万〜6万円

●付加報酬

身上監護等に特別困難な事情があった場合には、上記基本報酬額の50％の範囲内で相当額の報酬が付加されます。また、遺産分割や不動産の任意売却など特別の行為をした場合には、相当額の報酬が付加されることがあります。

Q.「家族信託を行えば節税できる」というセールストークで信託行為の宣伝をする業者を見掛けます。これ、どこまで本当なのでしょうか？

A.仕組みの使い方次第で、結果として節税効果があることも……。

　第3章6で説明したように、不動産取得税や登録免許税などの税金がそれぞれの場面で非課税だったり、軽減措置があったりということはあります。普通に贈与等をした場合に何百万円にもなる税負担が、数十万円レベルに収まるということもなくはないです。どのようなスキームが有効なのか、以下の事例で検証してみましょう。

【事例】

信託受益権の売買と所有権売買

　テナントビルをいくつか所有するAさんは相続税等の節税のため、子のBさんの資産管理会社Zにビルを売却しようと考えました。しかし、譲渡所得税、流通税などあらゆる税金のことを考えると、二の足を踏んでしまいます。どのような解決策があるでしょうか？

Aさん
Aさんのビル
1億円

（1案）不動産所有権を譲渡
（2案）信託受益権を売買

Bさん
BさんのZ社

●家族信託を行った場合の設定

委託者	Aさん
受託者	Bさん
受益者	Aさん
信託財産	Aさんのテナントビル（固定資産税評価額1億円）
受益権	信託契約締結後、Z社へ譲渡

※計算を単純にするために建物のみとしている。

いつ	売買	信託時	受益権売買時
何を	ビルの所有権	ビルを信託	ビルの受益権
登録免許税 （所有権移転 の登記）	1億円×2％ ＝200万円	ゼロ	受益者変更登記 1,000円
登録免許税 （所有権信託 の登記）	ゼロ	1億円×0.4％ ＝40万円	ゼロ
契約書印紙税	3万円 （軽減措置・令和2年 3月31日まで）	1通200円	1通200円
不動産取得税	1億円×4％ ＝400万円	ゼロ	ゼロ

※残余財産がZ社に帰属した場合、Z社には不動産取得税がかかる。

　上記のように、所有権売買（1案）と受益権売買（2案）では流通税の税額が違ってきますが、これらに併せて譲渡所得税なども考える必要があります。さらに将来を見越したときに、贈与税や相続税の負担なども考慮した上で総合的に判断し、節税額を見極めなければなりません。

　結局のところ、家族信託では目先の税金（節税対策）ではなく、いかに次世代へ資産を承継し、委託者の思いを伝えるかを目的に据えるべきであると考えます。

前妻との子に財産を承継させる

超実践的ケーススタディー①

加藤浩さん（80歳）とゆき子さん（78歳）は、浩さんが60歳のときに結婚しました。現在、夫妻は浩さんが所有する一戸建ての自宅で暮らしています。

浩さんとゆき子さんの間には子供がいませんが、浩さんには30年前に離婚した前妻との間に長女の鈴木愛さん（43歳）と長男の鈴木健太さん（40歳）がいます。2人とゆき子さんは養子縁組をしていません。また、ゆき子さんには妹の渡辺裕子さん（72歳）がいます。浩さん夫婦と健太さんの関係は良好ですが、愛さんは浩さん夫婦を嫌っており、一切付き合いがありません。

夫婦の財産管理はすべて浩さんが行っており、ゆき子さんは貯蓄の額さえ把握していません。最近、浩さんは年齢のせいか判断能力の衰えを感じており、自分が認知症になったり死亡した場合に、自分やゆき子さんが生活していけるのか少し心配です。また、浩さんは自分の死後は全財産をゆき子さんに相続させ、ゆき子さんの死後は健太さんに財産を譲りたいと考えています。

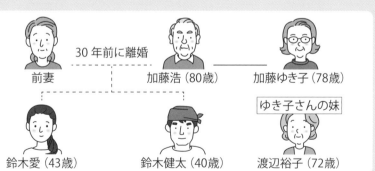

対策検討

（1）本事例では、ゆき子さんの面倒を見ることを条件として、浩さんの遺産を健太さんに相続させる方法が考えられます。

しかし浩さんの死後、健太さんがその約束を果たしてくれるか保証はありません。

そこで、浩さんは、自分の財産をゆき子さんに相続させる旨の遺言を作成します。その際、遺留分対策として愛さんに一定の財産を相続させた方がよいと思われます。

（2）浩さんの遺産を相続したゆき子さんが死亡した場合、今度は妹の渡辺裕子さんがゆき子さんの遺産を相続します。

浩さんの遺言では、ゆき子さんが死亡した場合の財産の帰属先を定めることはできません。健太さんがゆき子さんの遺産を相続するには、ゆき子さんが遺言を書く必要があります。

しかし、ゆき子さんがそのような遺言を書いてくれるか、これもまたわかりません。仮に遺言を書いたとしても、後日書き換えることができます。法律上は他人であるゆき子さんと健太さんの利害がぶつかる可能性を完全には否定できません。

このようなケースも、家族信託を用いて二次相続の財産の帰属先を決定することが解決策となります。

信託スキーム

委託者：加藤浩

受託者：鈴木健太

受益者：当初　加藤浩

　　　　第二次受益者　加藤ゆき子

信託財産：自宅不動産、金銭

信託の終了時期：加藤浩及び加藤ゆき子が死亡したとき

残余財産の帰属先：鈴木健太

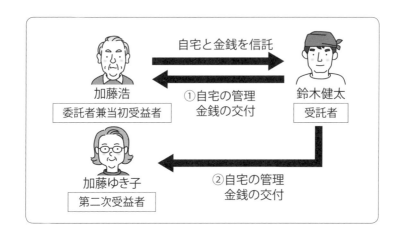

契約書例（一部抜粋）

　委託者加藤浩（以下、「甲」という）と受託者鈴木健太（以下、「乙」という）とは、次の通り信託契約を締結する。

第１条（信託契約）

　甲は、次条に定める目的を達成するため、別紙信託財産目録記載の財産（以下、「本件信託財産」という）を乙に信託し、乙はこれを引き受けた（以下、「本信託」という）。

第２条（信託目的）

　本信託は、本件信託財産を受託者が管理、処分その他本信託目的達成のために必要な行為をすることにより、受益者の財産管理の負担を軽減するとともに、受益者の生活、介護、医療等に必要な費用を確保し、受益者の安定した生活を支援し、福祉を確保することを目的とする。

第３条（信託財産）

１　委託者及び受託者は、本契約後直ちに、信託財産目録記載の不動産（以下、「信託不動産」という）について、本信託を原因とする所有権移転の登記申請を行う。※①

2　受託者は、前項の登記申請と同時に、信託の登記の申請を行う。

3　前2項の登記費用は、受託者が本件信託財産から支出する。

4　委託者は、信託契約締結後、遅滞なく、信託財産目録記載の預金（以下、「信託金銭」という）を払戻し、当該払戻金を受託者に引き渡す。

第4条（信託不動産の瑕疵に係る責任）

受託者は、信託期間中及び信託終了後、信託不動産の瑕疵及び瑕疵により生じた損害について責任を負わない。

第5条（信託の追加）

委託者は、受託者の同意を得て、金銭及び不動産を本信託に追加することができる。

第6条（委託者）

本信託の委託者は、下記の者とする。

　　　住所　東京都〇〇区××〇丁目〇番〇号

　　　氏名　加藤浩

第7条（委託者の地位）

本信託の委託者の地位については、相続により承継しない。

第8条（受託者）

本信託の受託者は、下記の者とする。

　　　住所　東京都〇〇区××〇丁目〇番〇号

　　　氏名　鈴木健太

第9条（信託事務）

1　受託者は、以下の信託事務（以下、「本件信託事務」という）を行う。

（1）信託不動産を管理・処分すること。

（2）信託金銭を管理し、受益者の生活費、医療費及び介護費用等に充てるために支出すること。

（3）その他本信託の目的を達成するために必要な事務を行うこと。

2　受託者は、信託財産に属する金銭につき、専用の預金口座を開

設する方法により受託者の固有財産と分別して管理しなければならない。

第10条（善管注意義務）

　受託者は、本件信託事務について善良なる管理者の注意をもって処理しなければならない。

第11条（信託事務処理の委託）

　受託者は、前条の信託事務について、専門的知識を有する第三者に委託することができる。

第12条（費用の負担、償還）

1　受託者は本件信託事務の処理に必要な一切の費用等を本件信託財産より支弁することができる。

2　受託者は、本件信託事務の処理に必要な費用等を受託者の固有財産から支出したときは、本件信託財産から償還を受けることができる。

第13条（信託報酬）

　受託者は無報酬とする。

第14条（受益者）

1　本信託の当初受益者は、下記の者とする。

　　住所　東京都○○区××○丁目○番○号

　　氏名　加藤浩

2　当初受益者が死亡した場合には、第二次受益者として、以下の者を指定する。

　　住所　東京都○○区××○丁目○番○号

　　氏名　加藤ゆき子

第15条（受益権）

　受益者は、受益権として以下の内容の権利を有する。

（1）信託不動産を生活の本拠として使用する権利

（2）信託不動産が処分された場合には、その代価から給付を受ける権利

（3）信託金銭から生活に必要とする金銭の給付を受ける権利

第16条（受益権の譲渡・質入れ）

　受益者は、受益権を譲渡または質入れすることができない。

第17条（信託監督人）※②

1　本信託の信託監督人として、以下の者を指定する。

　　住　所　東京都○○区××○丁目○番○号

　　氏　名　司法書士　○○

2　信託監督人の報酬は一月当たり○円とする。

第18条（信託の変更）

1　本信託において信託監督人が存在する場合には、受益者及び信託監督人の書面による合意により、信託の変更をすることができる。

2　本信託において信託監督人が存在しない場合には、受益者及び受託者の書面による合意により信託を変更することができる。

第19条（信託の終了事由）

　本信託は、委託者兼当初受益者及び第二次受益者両名の死亡により終了する。

第20条（残余財産の帰属）

　本信託に係る残余財産の帰属権利者は、以下の者とする。

　　住所　東京都○○区××○丁目○番○号

　　氏名　鈴木健太

　信託財産目録（省略）

ポイント解説

①　信託の登記

　信託財産が不動産である場合には、信託財産である旨の登記をしなければなりません。

②　信託監督人

　本信託では、帰属権利者が受託者となっているため、受託者が信託金銭の給付を節約するなど、しっかり任務を行わない可能性があります。そこで、信託監督人を置いて受託者の任務遂行を監督します。

【超実践的ケーススタディーで見る家族信託②】
障害のある子の暮らしを守る

超実践的ケーススタディー②

　中村太郎（82歳）さんには、一人娘の花子さん（50歳）がいます。太郎さんの妻はすでに亡くなっています。花子さんは重度の精神障害を患っており、現在は施設で生活しています。太郎さんには、同じ町内に住む甥の山本寛介さん（30歳）がおり、寛介さんは昔から花子さんのことを気に掛けて、何かと面倒を見てくれる頼れる存在です。

　太郎さんは、父親から引き継いだアパートを経営しており、賃料収入を花子さんの介護費用にこれまで充ててきました。しかしアパートは築30年を経過して、近い将来に大規模修繕や建て替えが必要となると見込まれています。

　また、太郎さんは持病が悪化し、入退院を繰り返している状態です。気力、体力とも衰え、外出するのも億劫になってきています。太郎さんは自分が死亡した後も、花子さんの暮らしが維持できるように、寛介さんにアパートを含めた財産の管理をしてもらいたいと考えています。花子さんの死後は、お礼として寛介さんに余った財産を譲ってもいいと考えています。

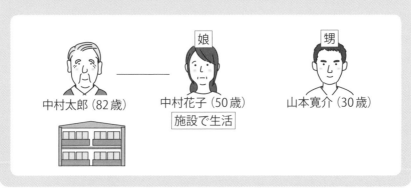

太郎さん

中村太郎（82歳）　中村花子（50歳）　山本寛介（30歳）

娘

施設で生活

甥

（1）太郎さんが死亡した場合、遺産はすべて一人娘の花子さんが相続することになります。しかし、花子さんは重度の精神障害を患っているため、財産の管理を行うことができません。

そこで、花子さんの財産管理は裁判所が選任した法定後見人が行うことになりますが、後見人ではアパートの大規模修繕や建て替えを行うことが困難です。

（2）重度の精神障害を患っているため、花子さんは意思能力が認められず、遺言を書くこともままなりません。したがって、花子さんが死亡した場合は、相続人のいない財産として最終的に国庫に帰属することになってしまいます。

このような事態を回避するため、家族信託を用いて、受託者の寛介さんに財産管理を任せた上で、最終的な財産の帰属先を寛介さんに設定します。

信託スキーム

委託者：中村太郎

受託者：山本寛介

受益者：当初　中村太郎

　　　　　第二次受益者　中村花子

信託財産：アパート、金銭

信託の終了時期：中村太郎及び中村花子が死亡したとき

残余財産の帰属先：山本寛介

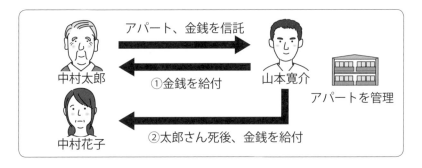

中村太郎 ——アパート、金銭を信託→ 山本寛介　アパートを管理

①金銭を給付

②太郎さん死後、金銭を給付

中村花子

契約書例（一部抜粋）

　委託者中村太郎（以下、「甲」という）と受託者山本寛介（以下、「乙」という）とは、次の通り信託契約を締結する。

第1条（信託契約）
　甲は、次条に定める目的を達成するため、別紙信託財産目録記載の不動産（以下、「信託不動産」という）及び金銭（以下、「信託金銭」という）（以下、両者をまとめて「本件信託財産」という）を乙に信託し、乙はこれを引き受けた（以下、「本信託」という）。

第2条（信託目的）
　本信託は、本件信託財産を受託者が管理、運用（信託不動産の大規模修繕、取り壊し・建て替えを含む）その他本信託目的達成のために必要な行為をすることにより、受益者の生活、介護、医療等に必要な費用を確保し、受益者の安定した生活を支援し、福祉を確保することを目的とする。

第3条（信託財産）
1　委託者及び受託者は、本契約後直ちに、信託財産目録記載の不動産について、本信託を原因とする所有権移転の登記申請を行う。
2　受託者は、前項の登記申請と同時に、信託の登記の申請を行う。
3　前2項の登記費用は、受託者が本件信託財産から支出する。
4　委託者は、信託契約締結後、遅滞なく、信託財産目録記載の金

銭を払戻し、当該払戻金を受託者に引き渡す。

第4条（信託の追加）

　委託者は、受託者の同意を得て、金銭及び不動産を本信託に追加することができる。

第5条（委託者）

　本信託の委託者は、下記の者とする。

　住所　東京都○○区××○丁目○番○号

　氏名　中村太郎

第6条（委託者の地位）

　本信託の委託者の地位については、相続により承継しない。

第7条（受託者）

　本信託の受託者は、下記の者とする。

　住所　東京都○○区××○丁目○番○号

　氏名　山本寛介

第8条（信託事務）※①

1　受託者は、以下の信託事務（以下、「本件信託事務」という）を行う。

（1）受託者が適当と認める時期に信託不動産の大規模修繕または建て替えを行うこと。

（2）受託者が適当と認める方法により本件不動産を管理または運用すること。

（3）本信託の目的達成のために必要な場合、金融機関より借り入れを行うこと。

（4）本信託の目的達成のために必要な場合、信託不動産に担保権を設定しまたは処分すること。

（5）信託金銭より受益者の生活、介護、医療等に必要となる費用を支出し、受益者に給付すること。

（6）その他本信託の目的を達成するために必要な事務を行うこと。

2　受託者は、信託財産に属する金銭につき、専用の預金口座を開

設する方法により受託者の固有財産と分別して管理しなければならない。

第9条（善管注意義務）

　受託者は、本件信託事務について善良なる管理者の注意をもって処理しなければならない。

第10条（信託事務処理の委託）

　受託者は、前条の信託事務について、専門的知識を有する第三者に委託することができる。

第11条（費用の負担、償還）

1　受託者は本件信託事務の処理に必要な一切の費用等を本件信託財産より支弁することができる。

2　受託者は、本件信託事務の処理に必要な費用等を受託者の固有財産から支出したときは、本件信託財産から償還を受けることができる。

第12条（信託報酬）

　受託者は無報酬とする。

第13条（受益者）

1　本信託の当初受益者は、下記の者とする。

　　住所　東京都○○区××○丁目○番○号

　　氏名　中村太郎

2　当初受益者が死亡した場合には、第二次受益者として、以下の者を指定する。

　　住所　東京都○○区××○丁目○番○号

　　氏名　中村花子

第14条（受益権）

　受益者は、受益権として以下の内容の権利を有する。

　受益者の生活に必要とする金銭（医療費及び介護費等を含む）の給付を受ける権利

第15条（受益権の譲渡・質入れ）

受益者は、受益権を譲渡または質入れすることができない。

第16条（信託監督人）

1　本信託の信託監督人として、以下の者を指定する。

　　住　　所　　東京都○○区××○丁目○番○号

　　氏　　名　　司法書士　　○○

2　信託監督人の報酬は一月当たり○円とする。

第17条（信託の変更）

1　本信託において信託監督人が存在する場合には、受託者及び信託監督人の書面による合意により、信託の変更をすることができる。

2　本信託において信託監督人が存在しない場合には、信託目的に反しないこと及び受益者の利益に適合することが明らかなときに限り、受託者の書面による意思表示により信託を変更することができる。

第18条（信託の終了事由）

　本信託は、委託者兼当初受益者及び第二次受益者両名の死亡により終了する。

第19条（残余財産の帰属）

本信託に係る残余財産の帰属権利者は、以下の者とする。

　　住所　東京都○○区××○丁目○番○号

　　氏名　山本寛介

　　信託財産目録（省略）

ポイント解説

①受託者の権限

　本事例では、将来的にアパートの大規模修繕や建て替えが予定されているため、受託者の権限を明確にしておきます。その際に、必要となる金融機関からの借り入れや担保権設定の権限も同時に受託者に与えておくことが必要です。

家族信託で遺留分対策

超実践的ケーススタディー③

　高橋五郎さん（75歳）はスーパーを経営する株式会社高橋商事の社長です。高橋商事の株式はすべて五郎さんが所有しています。高橋商事は、1,200株の株式を発行しており、会社経営は順調で黒字経営が続いています。現在の1株当たりの株式評価は4万円。五郎さんには、高橋商事の株式のほかに目ぼしい資産はありません。

　五郎さんには前妻との間の子で高橋商事の経営を引き継ぐ予定の一太さん（50歳）と後妻のみゆきさん（60歳）、みゆきさんとの間の子である英男さん（35歳）がいます。みゆきさんは一太さんと仲が悪く、高橋商事を英男さんに継がせたいと考えています。英男さんは定職に就かず、ギャンブルに興じているため、五郎さんは英男さんに会社を継がせるつもりはまったくありません。みゆきさんの実家は資産家で、お金に困っていないため、五郎さんは会社の株式を含む遺産をすべて、前妻との子である一太さんに相続させたいと考えています。

　五郎さんは自分の死後、一太さんと英男さんが遺産をめぐって争い、会社の経営に支障が出るのではないかと心配しています。

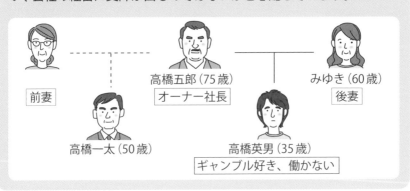

対策検討

（1）高橋商事の経営権を一太さんに与えるため、五郎さんから一太さんへ株式を生前贈与することが考えられますが、多額の贈与税が発生してしまう可能性があります。

　五郎さんが遺言を作成し、高橋商事の株式をすべて一太さんに相続させることも一つの方法ですが、そうなると、みゆきさんと英男さんから遺留分侵害額請求がされるでしょう。一太さんが遺留分に相当する金銭を支払うことができない場合、株式が分散してしまうリスクをはらんでいます。

（2）仮に遺留分に相当する株式をみゆきさんと英男さんが取得した場合、2人の株式数は合計で450株になります。この場合、一太さんの所有する株式割合は発行済株式総数の3分の2を下回るため、会社の重要な意思決定を一太さんが単独で行うことができなくなります。

　そこで、五郎さんから一太さんに高橋商事の株式を信託し、受益権をみゆきさんと英男さんにも取得させることで、2人の遺留分を確保しつつ一太さんが単独で経営権を行使できるようにします。

信託スキーム

委託者：高橋五郎

受託者：高橋一太

受益者：当初受益者　高橋五郎

　　　　第二次受益者　高橋一太　高橋みゆき　高橋英男

信託財産：株式会社高橋商事の全株式

信託期間：特に定めない

残余財産の帰属先：信託終了時の受益者（高橋一太を予定）

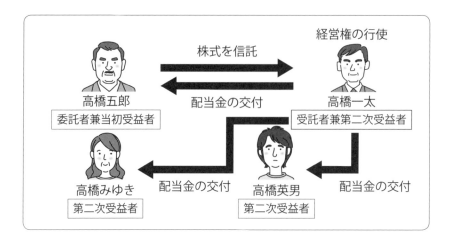

　委託者高橋五郎（以下、「甲」という）と受託者高橋一太（以下、「乙」という）とは、次の通り信託契約を締結する。

第1条（信託契約）

　甲は、次条に定める目的を達成するため、第3条に規定する財産を乙に信託し、乙はこれを引き受けた（以下、「本信託」という）。

第2条（信託目的）

　本信託は、次条に定める信託財産を受託者が管理その他本信託目的達成のために必要な行為をすることにより、受益者に対し信託財産から得られる剰余金その他の金員の給付を行い、受益者における信託財産から利益の享受を確保するとともに、株式会社高橋商事の安定的な経営を実現することを目的とする。

第3条（信託財産）

1　本信託の信託財産は、以下の通りである。

　　信託財産の表示　株式会社高橋商事　普通株式　1,200株

2　受託者は、本契約後直ちに、株式会社高橋商事に対して本信託

による株式の譲渡の承認を請求する。

3　受託者は、前項の承認が得られた場合には直ちに、株式会社高橋商事に対して株主名簿に信託財産の表示をすることを請求する。

第4条（委託者）

　本信託の委託者は、下記の者とする。

　住所　東京都〇〇区××〇丁目〇番〇号

　氏名　高橋五郎

第5条（委託者の地位）

　本信託の委託者の地位については、相続により承継しない。

第6条（受託者）

　本信託の受託者は、下記の者とする。

　住所　東京都〇〇区××〇丁目〇番〇号

　氏名　高橋一太

第7条（信託事務）※①

1　受託者は、以下の信託事務（以下、「本件信託事務」という）を行う。

（1）本件信託財産である株式会社高橋商事株式を管理すること。

（2）本件信託財産である株式会社高橋商事株式について、株主総会における議決権の行使その他株主としての権利を適切に行使すること。

（3）本件信託財産である株式会社高橋商事株式に係る剰余金を受領し、受益者に交付すること。

（4）その他本信託の目的を達成するために必要な事務を行うこと。

2　受託者は、本信託の信託財産を受託者の固有財産とは分別して管理しなければならない。

第8条（善管注意義務）

　受託者は、信託事務について善良なる管理者の注意をもって処理しなければならない。

第9条（費用の負担、償還）

1　受託者は本件信託事務の処理に必要な一切の費用等を本件信託財産より支弁することができる。

2　受託者は、本件信託事務の処理に必要な費用等を受託者の固有財産から支出したときは、本件信託財産から償還を受けることができる。

第10条（信託報酬）

受託者は無報酬とする。

第11条（受益者）^{※②}

1　本信託の当初受益者は、下記の者とする。

住所　東京都○○区××○丁目○番○号

氏名　高橋五郎

2　当初受益者が死亡した場合には、第二次受益者として、以下の者を指定する。

（1）住所　東京都○○区××○丁目○番○号

氏名　高橋一太

（2）住所　東京都○○区××○丁目○番○号

氏名　高橋みゆき

（3）住所　東京都○○区××○丁目○番○号

氏名　高橋英男

3　第二次受益者が取得する受益権の割合は、以下の通りとする。

（1）高橋みゆき及び高橋英男が取得する受益権の割合は、高橋五郎の相続について両名が有する法定相続分の2分の1とする。

（2）高橋一太が取得する受益権の割合は、全体から前号の割合を控除した割合とする。

第12条（受益権）

受益者は、受益権として以下の内容の権利を有する。

本件信託財産である株式会社高橋商事株式から生じる剰余金の受領等、株主としての経済的利益を受ける権利

第13条（受益権の譲渡・質入れ）^{※③}

1　本信託の受益権は、他の受益者全員の承諾がなければ本信託の受益者以外の者に譲渡することができない。

2　受益者は、受益権を質入れすることができない。

第14条（信託の変更）

　本信託は、委託者、受託者及び受益者（委託者死亡後は受託者及び受益者）の合意により変更することができる。

第15条（残余財産の帰属）

1　本信託に係る残余財産の帰属権利者は、本信託終了時における受益者とする。

2　清算受託者は、信託財産である株式会社高橋商事株式を、現状のまま帰属権利者に取得させ、株式会社高橋商事に対し必要な手続きを行う。

ポイント解説

①指図権の設定

　一太さんに単独で経営権を行使させることに不安がある場合、五郎さんに議決権行使の指図権を与えることで、五郎さんが引き続き経営に関与できるように設計することも可能です。

②受益者

　贈与税が生じないように、当初受益者は五郎さんとします。第二次受益者の受益権割合は、みゆきさんと英男さんの遺留分に配慮して決定しています。

③受益権の譲渡

　本事例は、遺留分権利者に取得させる金銭がないことから信託のスキームを採用して経営権を一太さんにまとめていますが、このスキームをずっと続けることは困難です。一太さんが高橋商事の経営を行っていくためには、いずれみゆきさんと英男さんから受益権を買い取る必要があります。一太さんが受益権の買取りに要する期間は不明のため、信託期間は特に設定せず、信託法の規定に従うことにしています。

後継者を育てながら事業承継する

超実践的ケーススタディー④

　田中一郎さん（75歳）は株式会社田中商事の創業者であり、株式の100％（3,000株）を保有するオーナー社長です。

　一郎さんには一人息子の太郎さん（40歳）がおり、将来は会社を継ぐことが決まっています。

　先日、一郎さんは軽い脳梗塞を起こしてしまい、若干後遺症が残ってしまったため、今後の会社経営に不安を感じています。株式会社田中商事は今期は業績が悪かったのですが、先月発売した新商品が大ヒットしており、今後業績が拡大していくことが予想されています。

　会社の顧問税理士からは、一郎さんの体調が心配なこと、今後株式評価が上がることが予想されることから、今のうちに株式を太郎さんに贈与した方がいいとアドバイスされました。

　しかし、一郎さんは、太郎さんの業界経験がまだ浅いため、経営を任せるのは時期尚早だと考えています。太郎さんが経営者としてふさわしい人物に成長するまで、長年一緒に会社を支えてきた取締役の山川次郎（55歳）さんに経営を任せたいと考えています。

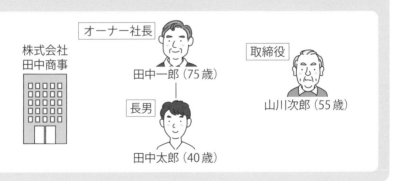

対策検討

（1）前述のように、株式会社田中商事は新商品の大ヒットにより業績が改善しているため、今後株式評価が上昇していくことが予想されます。一郎さんが死亡した時点で太郎さんが株式を相続した場合、多額の相続税が課されてしまう可能性があります。そこで、株式評価の低い現時点で一郎さんから太郎さんに株式を承継しておくことが税務上有利といえます。

（2）一郎さんから太郎さんに単純に株式を贈与した場合、会社の経営権も太郎さんに移ってしまいます。株式を太郎さんに承継させつつ、一郎さんが信頼する山川次郎さんに経営を任せるためには、受益者を太郎さん、受託者を山川次郎さんとする信託契約を締結する必要があります。

税務上、信託設定時をもって一郎さんから太郎さんに株式が贈与されたとみなされるため、株式評価が低い場合には、贈与税が課されない可能性もあります。

信託スキーム

委託者：田中一郎

受託者：山川次郎

受益者：田中太郎

信託財産：株式会社田中商事の全株式

信託の終了時期：田中太郎が50歳になるまで

　　　　　（田中太郎が後継者として、ふさわしい人物になるまで）

残余財産の帰属先：田中太郎

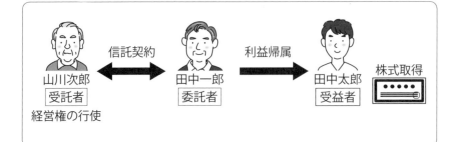

契約書例（一部抜粋）

　委託者田中一郎（以下、「甲」という）と受託者山川次郎（以下、「乙」という）とは、次の通り信託契約を締結する。

第1条（信託契約）

　甲は、次条に定める目的を達成するため、別紙信託財産目録記載の財産を乙に信託し、乙はこれを引き受けた（以下、「本信託」という）。

第2条（信託目的）

　本信託は、信託財産を受託者が管理その他本信託目的達成のために必要な行為をすることにより、受益者における信託財産からの利益の享受を確保するとともに、株式会社田中商事の安定した経営を確保しつつその後継者である田中太郎の育成を支援し、将来の株式会社田中商事の経営を円滑に承継させることを目的とする。

第3条（信託財産）

1　本信託の信託財産は、別紙信託財産目録記載の通りである。

2　受託者は、本契約後直ちに、株式会社田中商事に対して本信託による株式の譲渡の承認を請求する。　※①

3　受託者は、前項の承認が得られた場合には直ちに、株式会社田中商事に対して株主名簿に信託財産の表示をすることを請求する。

第4条（委託者）

本信託の委託者は、下記の者とする。

　　住所　東京都○○区××○丁目○番○号

　　氏名　田中一郎

第5条（委託者の地位）

　本信託の委託者の地位については、相続により承継しない。

第6条（受託者）

　本信託の受託者は、下記の者とする。

　　住所　東京都○○区××○丁目○番○号

　　氏名　山川次郎

第7条（信託事務）

1　受託者は、以下の信託事務（以下、「本件信託事務」という）を行う。

（1）本件信託財産である株式会社田中商事株式を管理すること。

（2）本件信託財産である株式会社田中商事株式について、株主総会における議決権の行使その他株主としての権利を適切に行使すること。

（3）本件信託財産である株式会社田中商事株式に係る剰余金を受領し、受益者に交付すること。

（4）その他本信託の目的を達成するために必要な事務を行うこと。

2　受託者は、本信託の信託財産を受託者の固有財産とは分別して管理しなければならない。

3　受託者は、本件信託財産である株式会社田中商事株式を処分することができない。※②

第8条（善管注意義務）

　受託者は、信託事務について善良なる管理者の注意をもって処理しなければならない。

第9条（費用の負担、償還）

1　受託者は本件信託事務の処理に必要な一切の費用等を本件信託

財産より支弁することができる。

2　受託者は、本件信託事務の処理に必要な費用等を受託者の固有財産から支出したときは、本件信託財産から償還を受けることができる。

第10条（信託報酬）

受託者は無報酬とする。

第11条（受益者）

本信託の受益者は、下記の者とする。

住所　東京都○○区××○丁目○番○号

氏名　田中太郎

第12条（受益権）

受益者は、受益権として以下の内容の権利を有する。

本件信託財産である株式会社田中商事株式から生じる剰余金の受領等、株主としての経済的利益を受ける権利。

第13条（受益権の譲渡・質入れ）

受益者は、受益権を譲渡または質入れすることができない。

第14条（信託の変更）

本信託は、委託者、受託者及び受益者（委託者死亡後は受託者及び受益者）の合意により変更することができる。

第15条（信託の終了事由）[※③]

本信託は、以下の事由によって終了する。

（1）田中太郎が満50歳となったとき。

（2）委託者、受託者及び受益者（委託者死亡後は受託者及び受益者）の合意。

第16条（残余財産の帰属）

1　本信託に係る残余財産の帰属権利者は、本信託終了時における受益者とする。[※④]

2　清算受託者は、信託財産である株式会社田中商事株式を、現状のまま帰属権利者に取得させ、株式会社田中商事に対し必要な手続

きを行う。

第17条（定めのない事項）

　本契約に定めのない事項及び本契約の解釈について疑義が生じた場合は、信託法その他の関係法令の定めによる他、受益者及び受託者が協議の上で決定する。

　信託財産目録

1　株式会社田中商事の普通株式　３０００株

　　（以下省略）

ポイント解説

①株式の譲渡承認

　信託財産である株式が譲渡制限株式である場合には、株式譲渡に関する会社の承認手続きが必要となります。

②信託財産である株式の処分行為禁止

　本信託の目的は、田中商事の事業承継であるため、信託財産である株式の売却等の処分行為を受託者が行うことを禁じています。

③信託の終了時期

　本信託は、株式会社田中商事の後継者を育てることが目的であるため、太郎さんが経験を積み、後継者としてふさわしい人物に成長した場合に信託は終了となります。しかし、「後継者にふさわしい人物に成長したとき」という規定は漠然としており、契約条項とすべきではありません。

　したがって、本事例では一定期間の経過をもって信託が終了するように定めています。なお、期間の経過前でも太郎さんの成長の状況に応じて信託を終了できるよう、委託者、受託者及び受益者の合意によって信託を終了できるように制度設計をしています。

④残余財産の帰属

　帰属権利者を太郎さんと定めておくことで、信託終了時に太郎さんが経営権を取得することになります。

【超実践的ケーススタディーで見る家族信託⑤】
高齢のペットが心配

超実践的ケーススタディー⑤

　山本うめさん（83歳）は、十数年前に夫に先立たれて以降、ペットの猫ミケと自宅で暮らしています。うめさんはミケをとてもかわいがっており、家族のように思っています。

　ミケは猫としてすでに高齢であり、定期的に犬猫病院に通院することが必要になっています。ペットには健康保険がないため、ミケの診察代に毎月それなりの金銭的負担が発生しています。

　うめさん自身も糖尿病を患っており、体調があまりすぐれません。また、最近は物忘れもひどくなってきており、認知症にならないかと不安な毎日です。

　自分が死亡したり、施設に入居した場合のミケの暮らしがとても心配です。うめさんには、近所に住む姪の田中久美子さん（30歳）がいますが、久美子さんの夫は大の猫嫌いであるため、ミケの世話を頼むことはできそうにありません。ミケは、近所に住む友人の太田乙松さん（70歳）によく懐いているため、乙松さんにミケの世話を頼めないものかと、うめさんは考えています。

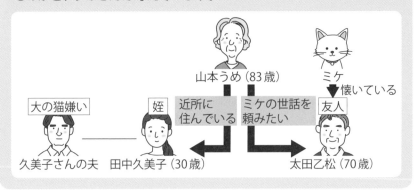

対策検討

　太田乙松さんにミケの世話をお願いするとなると、当然のことながら、一定の飼育費用が必要になってきます。うめさんから乙松さんにあらかじめ飼育費用を贈与したり、預けておくことも考えられますが、その金銭をミケのために使ってくれるか確証はありません。

　そこで、ミケの飼育に必要となる金銭を身内である田中久美子さんに信託し、定期的にミケの飼育費用を支給する形にすることで、うめさんは乙松さんがミケをしっかり飼育する状況を作り出すことができます。

信託スキーム

　委託者：山本うめ
　受託者：田中久美子
　受益者：当初受益者　山本うめ

　　　　　第二次受益者　太田乙松
　信託財産：ミケの飼育に必要となる金銭
　信託の終了時期：ミケが死亡したとき
　残余財産の帰属先：太田乙松

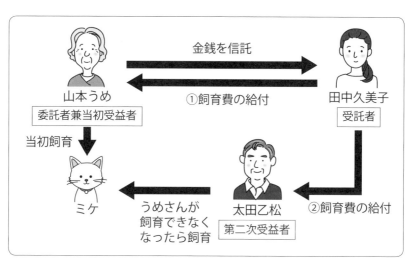

　委託者山本うめ（以下、「甲」という）と受託者田中久美子（以下、「乙」という）とは、次の通り信託契約を締結する。

第1条（信託契約）

　甲は、次条に定める目的を達成するため、第3条に規定する信託財産を乙に信託し、乙はこれを引き受けた（以下、「本信託」という）。

第2条（信託目的）　※①

　本信託は、次条に定める信託財産を受託者が管理その他本信託目的達成のために必要な行為をすることにより、猫ミケが終生適切な環境で飼育されるようにその飼育費用等を給付することを目的とする。

第3条（信託財産）

　本信託の信託財産は、金○○円とする。

第4条（委託者）

　本信託の委託者は、下記の者とする。

　住所　東京都○○区××○丁目○番○号

　氏名　山本うめ

第5条（委託者の地位）

　本信託の委託者の地位については、相続により承継しない。

第6条（受託者）

　本信託の受託者は、下記の者とする。

　住所　東京都○○区××○丁目○番○号

　氏名　田中久美子

第7条（信託事務）

1　受託者は、以下の信託事務（以下、「本件信託事務」という）を行う。

（1）信託財産を適切に管理し、猫ミケの飼育費用に充てるために支出すること。

（2）その他本信託の目的を達成するために必要な事務を行うこと。

2　受託者は、信託財産に属する金銭につき、専用の預金口座を開設する方法により受託者の固有財産と分別して管理しなければならない。

第8条（飼育費用の給付）^{※②}

1　信託期間中、受託者は、受益者に対し、毎月1日に飼育費用の給付を行う。

2　前項の給付額は、受託者が猫ミケの年齢、飼育状況及び信託財産の状況等の諸般の事情を総合的に勘案し、受託者が決定する。

3　前項の判断に資するため、受益者は、受託者に対し、毎月1回猫ミケの飼育のために支出した金額とその用途を報告しなければならない。

4　受益者は、猫ミケの手術費等の臨時の費用が発生した場合には、受託者にその費用を請求できる。この場合、受託者は合理的な理由がなければその請求を拒んではならない。

第9条（善管注意義務）

　受託者は、信託事務について善良なる管理者の注意をもって処理しなければならない。

第10条（費用の負担、償還）

1　受託者は本件信託事務の処理に必要な一切の費用等を本件信託財産より支弁することができる。

2　受託者は、本件信託事務の処理に必要な費用等を受託者の固有財産から支出したときは、本件信託財産から償還を受けることができる。

第11条（信託報酬）

　受託者は無報酬とする。

第12条（受益者）^{※③}

1　本信託の当初受益者は、下記の者とする。

　　住所　東京都〇〇区××〇丁目〇番〇号

　　氏名　山本うめ

2　当初受益者が死亡した場合には、第二次受益者として、以下の者を指定する。

　　住所　東京都〇〇区××〇丁目〇番〇号

　　氏名　太田乙松

第13条（受益者の変更）^{※④}

1　委託者は、第二次受益者及び帰属権利者を変更することができる。

2　委託者が受益者変更の意思表示を行うことができず、かつ、第二次受益者が猫ミケの飼育をするのに適しない状況になった場合、受託者は、第二受益者を変更することができる。

第14条（受益権）

　受益者は、受益権として以下の内容の権利を有する。

　信託財産である金銭から猫ミケの飼育に必要な金銭の給付を受ける権利。

第15条（受益権の譲渡・質入れ）

　受益者は、受益権を譲渡または質入れすることができない。

第16条（信託の変更）

　本信託は、委託者、受託者及び受益者（委託者死亡後は受託者及び受益者）の合意により変更することができる。

第17条（信託の終了事由）

　本信託は、猫ミケの死亡により終了する。

第18条（残余財産の帰属）

1　本信託に係る残余財産の帰属権利者は、本信託終了時における受益者とする。^{※⑤}

第19条（定めのない事項）

本契約に定めのない事項及び本契約の解釈について疑義が生じた場合は、信託法その他の関係法令の定めによる他、委託者、受託者及び受益者（委託者死亡後は受託者及び受益者）が協議の上で決定する。

ポイント解説

①信託目的

　ミケは猫であり権利能力が認められないため、受益者となることはできません。ミケの利益を図ることを目的とする信託は、受益者の存在しない「目的信託」となってしまう可能性があります。

　目的信託の場合、一定の要件を満たす法人等しか受託者になることができないため、本事例には適しません。そこで、信託目的はミケの飼育を行う者への資金援助として構成しています。

②飼育費用の給付

　受託者の判断により、柔軟に飼育費用の給付を行うことができるようにしています。

③受益者

　本事例では、遺言による信託も検討できますが、うめさんが存命のうちに飼育費の給付方法等を確立しておくために、当初受益者をうめさんに設定し、信託契約の締結と同時に信託がスタートするようにしています。うめさんの死亡後は、太田乙松さんが受益者となるように設計しています。ミケは信託財産とはならないため、うめさんは遺言によりミケを太田乙松さんに遺贈する必要も生じます。

④受益者の変更

　本信託の究極の目的は、ミケの幸せな暮らしの確保にあるため、委託者が太田乙松さんがミケを飼育していないと判断した場合には、第二受益者を変更できるように設計しています。

⑤帰属権利者

　ミケの世話をしたお礼として余った財産を太田乙松さんが取得するようにしています。もっとも、その場合、太田乙松さんはミケに対する飼育費用を節約し、十分な飼育を行わない可能性もあるので注意が必要です。太田乙松さん以外の動物愛護団体等を帰属権利者とすることも検討してよいと思われます。

ちょこっと民法①
遺言の種類と特徴

1. 遺言能力

民法第961条（遺言能力）
15歳に達した者は、遺言をすることができる。

　遺言をするためには、遺言能力が認められることが必要です。15歳以上であれば、未成年者であっても遺言をすることができます。

　成年被後見人であっても、事理弁識能力を一時回復したときは、医師の立会いの下、遺言をすることが可能です。

2. 遺言書の種類

　普通方式の遺言には、以下のような3つの種類があります。それぞれの特徴を理解して最適な方法を選択することが求められます。

■遺言の種類

自筆証書遺言	遺言者が遺言内容をすべて自書して作成する遺言。記載すべき内容や訂正方法などが法律により、厳格に定められている。
公正証書遺言	公証人及び2人の証人の立会いの下、公証役場で作成する遺言。遺言内容について公証人が確認する。
秘密証書遺言	内容を第三者に秘密にしたまま作成する遺言。公証人と2人の証人に遺言書の存在のみ証明してもらうもの。

■メリット・デメリット

遺言の種類	メリット	デメリット
自筆証書遺言	・手軽に作成できる。 ・費用が掛からない。 ・遺言書の存在を秘密にできる。	・必要事項の記載もれなど形式上のミスで遺言が無効になる可能性がある。 ・遺言内容の有効性について第三者にチェックしてもらえない。 ・遺言書の紛失や、自分の死後、遺言書が発見されない可能性がある。（注）
公正証書遺言	・専門家に遺言内容の有効性を確認してもらえる。 ・後日の紛争になるリスクが低下する。 ・公証役場が遺言書を保管するため、遺言書を紛失する恐れがない。	・公証役場の手数料（数万円以上）が掛かる。 ※手数料は、財産の価額や相続人の数によって決定される。
秘密証書遺言	・遺言内容を誰にも知られずに秘密にしておくことができる。 ・公証役場が遺言作成の事実を証明してくれる。	・遺言内容の有効性について第三者にチェックしてもらえない。 ・必要事項の記載もれなど形式上のミスで遺言が無効になる可能性がある。 ・公証役場の手数料（1万1,000円）が掛かる。

（注）2020（令和2）年7月より、法務局で自筆証書遺言を保管する制度が開始される。法務局が遺言書の方式の適合性を外形的に確認した上で、遺言書を保管する。

ちょこっと民法②
遺留分について

1. 遺留分とは何だ？

遺留分とは？
法律によって一定範囲の相続人に保証される最低限の相続分のこと。

　遺留分は、被相続人の配偶者、子（子が先に死亡している場合にはその直系卑属）、直系尊属に認められます。兄弟姉妹に遺留分は認められません。遺留分を侵害された相続人は、財産を取り戻すために、遺留分侵害額請求を行うことができます。

2. 遺留分額の算出

〈遺留分額〉

　遺留分の額は、次の計算式で算出します。

遺留分額
遺留分算定の基礎となる財産　×　遺留分割合　×　法定相続分

■相続順位と法定相続分

相続順位	相続人	相続分
第一順位	・配偶者 ・子供	ともに2分の1
第二順位	・配偶者 ・直系尊属	3分の2 3分の1
第三順位	・配偶者 ・兄弟姉妹	4分の3 4分の1

■総体的遺留分割合

相続人	遺留分割合
配偶者のみ	2分の1
子供のみ	2分の1
配偶者と子供	2分の1
配偶者と直系尊属	2分の1
直系尊属のみ	3分の1

〈遺留分算定の基礎となる財産の算出方法〉

> 遺留分算定の基礎となる財産
> ＝相続開始時の被相続人の財産＋被相続人が贈与した財産－相続債務

　相続人に対する特別受益に該当する贈与は、相続開始10年前、第三者への贈与は1年前までのものが対象となります。

　ただし、当事者双方が遺留分権利者に損害を加えることを知っていた場合には、贈与の時期にかかわらず遺留分算定の基礎となります。

●遺留分額の算出例

> 遺産1,500万円、借金300万円。相続人が配偶者、子供3人の場合

　遺留分算定の基礎となる財産　＝1,200万円（1,500万円－300万円）

（1）配偶者の遺留分額

　1,200万円×1／2（遺留分割合）×1／2（法定相続分）＝300万円

（2）子供一人あたりの遺留分額

　1,200万円×1／2（遺留分割合）×1／6（法定相続分）＝100万円

税務関係用語

贈与税

　個人から財産（お金や不動産など）をもらったときにかかる税金です。法人（会社など）から財産をもらったときにはかかりません（この場合は、所得税が課税されます）。

　一人の人が1年間（1月1日から12月31日まで）にもらった財産を合計して、その金額が110万円を超えた場合に税金（贈与税）が課されますので、その年の翌年3月15日までに贈与税の申告をし、納税をしなければなりません。

相続税

　相続税は、死亡した人（被相続人）から相続や遺贈（遺言による贈与）などで財産をもらったときに課される税金です。遺産の総額、相続人の数によっては、相続税がかからない場合もあります。相続税の申告と納付の期限は、被相続人の死亡を知った日の翌日から10カ月以内となっています。

相続税額の2割加算

　死亡した人（被相続人）から相続または遺贈により財産を取得した人のうち、一親等の血族及び配偶者以外の人で相続税を払うべき人が、その相続税額の2割を加算されるという制度。例えば、被相続人の兄弟姉妹や甥、姪、孫などが該当します。

※子が亡くなった場合に、代襲相続した孫は2割加算の対象外。

譲渡所得税

　株や不動産などを売却したときに、売却収入から取得費用を差し引いた金額（譲渡所得）にかかる税金。売却した年の翌年3月15日までに申告・

納税する必要があります。なお、所得がない場合でも、申告の必要がある場合もあるので注意が必要。

流通税

資産（財産）が移転するときに、その所得に課される税金の総称。具体的には、不動産取得税、登録免許税、印紙税がこれに該当します。

損益通算

所得税の確定申告をする際に、各種所得（不動産所得や事業所得など）の金額の計算上出た損失を他の所得の金額から、一定の順序に従い控除できる制度。所得の種類によっては控除できないものもあります。

確定申告

個人で事業所得や不動産所得、譲渡所得などがある人は、その年の翌年3月15日までに所得税の確定申告書を作成し、納税する必要があります。ちなみに、法人の場合の確定申告はその事業年度終了の日の翌日から2カ月以内に申告をする必要があります。

青色申告

確定申告をする個人で不動産所得、事業所得、山林所得のある人が、収入金額や経費について一定水準の記帳をし、その記帳に基づいて正しく申告をしている場合には、所得金額の計算などについて有利な取扱いが受けられるという制度。

具体的には事業の内容や記帳の程度によって、所得金額から令和2年分の申告（令和3年3月15日期限の申告）から55万円※が控除されます。また、損失が出た場合は3年間繰り越すことができます。ただし、税務署長に「青色申告の承認申請書」を提出して、その承認を受けなければなりません。

※ e-Taxによる申告（電子申告）または電子帳簿保存を行うと、65万円が適用されます。
※法人についても青色申告の制度がありますが、有利な取扱いの内容が個人とは異なります。

索引

【著者】
赤津寛紀（あかつ・ひろき）

司法書士。司法書士事務所アシストライト代表。中央大学法学部卒業。生前対策や会社の事業承継、高齢者の財産管理問題を数多く手掛ける。地域包括支援センターや介護施設、金融機関などで生前対策や家族信託に関するセミナーを開催している。

柴崎貴子（しばさき・たかこ）

税理士・社会保険労務士。柴崎会計事務所代表。明治大学政治経済学部卒業。「幸せな相続」ができるよう、お客様には生前贈与対策の提案に努めている。練馬区にて相続関連の相談業務も行う。小中学校で講師として租税教育の指導も行っている。

中山浩志（なかやま・ひろし）

行政書士・社会福祉士。あおばサポート行政書士・社会福祉士事務所代表。中央大学法学部卒業。福祉法務の専門家として、家族に寄り添い、福祉に配慮した家族信託の設計を数多く手掛ける。地域包括支援センターや福祉施設での講演を通じ家族信託の普及に努めている。信託総合研究所（信託総研）代表。

司法書士・税理士・行政書士が教える
絶対に知らないとヤバイ！
家族信託の手続きの進め方

2020 年 2 月 20 日第一刷
2021 年 11 月 24 日第二刷

著　者　　赤津寛紀・柴崎貴子・中山浩志

発行人　　山田有司

発行所　　株式会社　彩図社
　　　　　東京都豊島区南大塚 3-24-4
　　　　　MT ビル　〒170-0005
　　　　　TEL：03-5985-8213　FAX：03-5985-8224

印刷所　　シナノ印刷株式会社

URL：https://www.saiz.co.jp
　　　https://twitter.com/saiz_sha